Florian Brunner Harald Hoos

Kornkreise – Rätsel in mystischer Landschaft

Annäherung an ein Phänomen

Florian Brunner Harald Hoos

Kornkreise – Rätsel in mystischer Landschaft

Annäherung an ein Phänomen

beustverlag

Die Deutsche Bibliothek – Cip-Einheitsaufnahme

Brunner, Florian; Hoos, Harald:
Kornkreise – Rätsel in mystischer Landschaft / Florian Brunner, Harald Hoos – München :
Beust, 2002.
(ToBe)
ISBN 3-89530-096-9

1. Auflage August 2002

Lektorat: Jürgen Bolz, Friedberg
Satz und Produktion: SatzDesign Yvonne Heizinger, München
Layout- und Umschlagdesign: Julianna Previcz, München
Druck: Freiburger Graphische Betriebe, Freiburg

ISBN 3-89530-096-9

Printed in Germany

These martians are bloody good artists.

Richard Long, englischer Landschaftskünstler

Inhalt

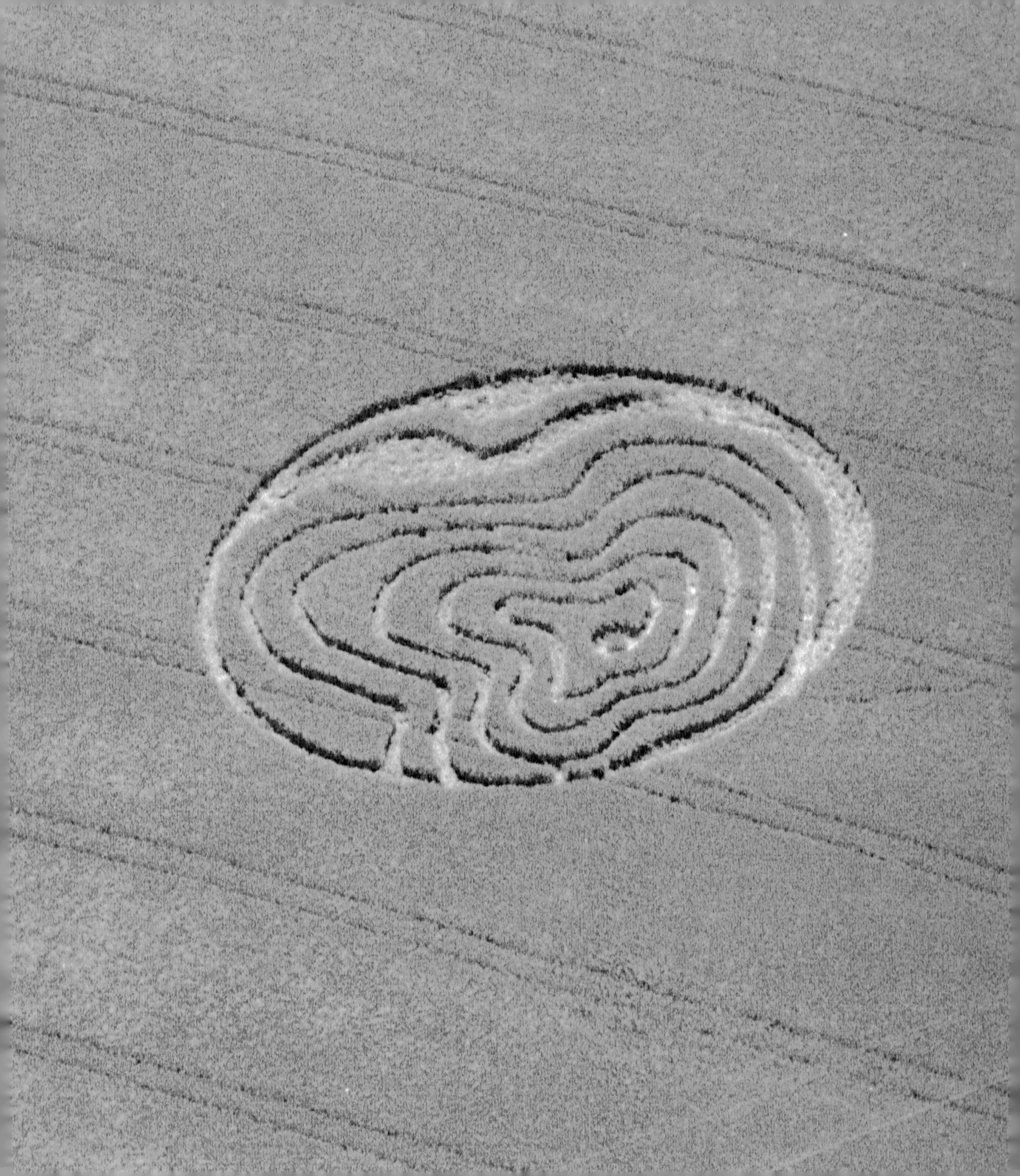

Die Geburt einer Leidenschaft

links:
Grombach bei Sinsheim/Baden-Württemberg, 2002

Wir, Florian Brunner und Harald Hoos, begegneten uns 1996 im Rahmen unserer Arbeit bei der *Forschungsgesellschaft Kornkreise e.V.* Gegenseitige Sympathie, gemeinsame Interessen, auch über die Kornkreise hinaus, und die Tatsache, dass wir nicht weit voneinander wohnten und arbeiteten, brachten uns auf die Idee, künftig als »Doppelpack« in der Öffentlichkeit aufzutreten: mit der multimedialen Lichtbildschau *Kornkreise – Rätsel in mystischer Landschaft*, ein Projekt, das zweieinhalb Jahre Vorbereitung in Anspruch nahm, und mit unser parallel dazu erstellten Website *www.kornkreise.de*.

Wie aber sind wir auf das Thema *Kornkreise* gestoßen? Und vor allem: Wie bewerten wir diese auf den ersten Blick geheimnisvollen Artefakte?

Florian Brunner: Mein Interesse und meine Neugier wurden geweckt, als ich atemlos staunend die ersten Fotos von Kornkreisen in der Presse sah. Wie ein Schwamm saugte ich fortan alle Informationen auf, die ich über dieses rätselhafte Phänomen bekommen konnte.

»Du und deine Kornkreise!«, sorgten sich meine Familie und mein Freundeskreis schon bald. Aber ungeachtet ihrer Skepsis versorgten sich mich auch weiterhin mit Lesestoff. Immerhin ließ ihr Verhalten leise Zweifel in mir aufkommen: Sollte ich etwa einem groß angelegten Streich aufgesessen sein? Schließlich waren auch die Hitler-Tagebücher als Fälschung entlarvt worden! Und die entscheidende Frage aller Kornkreis-Enthusiasten war ja auch noch nicht beantwortet: Wie können solch komplexe Grafiken urplötzlich in den Feldern erscheinen?

1991 berichtete das britische Boulevardblatt *Today* über zwei Rentner, die von sich behaupteten, die »Schöpfer« der Kornkreise zu sein. Das war kaum vorstellbar – angesichts der Anstrengung, die es kostet, derartig komplexe Piktogramme in die Getreidefelder zu drücken. Da musste mehr dahinterstecken! Doch auf die Idee, die geheimnisvollen Grafiken auf einer Reise durch die englische Grafschaft Wiltshire, das El Dorado der Kornkreise, persönlich in Augenschein zu nehmen, kam ich zunächst nicht. Mich zog es in den Norden Schottlands, wo ich mich dem Zauber dieser überwältigenden Landschaft mit dem Auge des leidenschaftlichen (Berufs-)Fotografen hingab.

Als die Kornkreise aus den Schlagzeilen der Tagespresse verschwanden – es waren ja schließlich die beiden Rentner gewesen, diese Scherzbolde –, verlor sich auch mein Interesse an diesem Rätsel. Doch als ich Mitte der neunziger Jahre stolz meinen Internet-Anschluss installiert hatte, rief ich als Erstes die Homepage einer Suchmaschine auf und gab als Suchbegriff »Kornkreise« ein.

Das Ergebnis verschlug mir erneut den Atem: Unzählige Einträge verwiesen auf das Thema, und neue Bilder zeigten noch unglaublichere Formationen. Zudem, so erfuhr ich dort, hatte sich eine *Forschungsgesellschaft Kornkreise e.V.* gegründet, zu der ich bald Kontakt aufnahm. Dass ich dort viele interessante Menschen kennen lernen sollte, die ihre Theorien über die Entstehung dieser seltsamen Gebilde vorstellten, Kornkreisbilder analysierten und die Liebe zu ihrem gemeinsamen Hobby pflegten, ahnte ich zu diesem Zeitpunkt noch nicht.

Im Sommer 1998 sah ich den ersten Kornkreis in natura. Der allerdings war das Ergebnis eines Forschungsprojektes – Menschenwerk also. Trotzdem: Das Gebilde war beeindruckend und jagte mir einen kalten Schauer über den Rücken! Doch schon der nächste Tag brachte die große Ernüchterung: Ich besuchte einen angeblich nicht von Menschen gemachten Kornkreis in den sommerlichen Getreidefeldern Schleswig-Holsteins.

Zugegeben, auch er sah phantastisch aus und bestach durch geometrische Perfektion und harmonische Ästhetik inmitten einer wunderschönen Landschaft! Aber ich fragte mich, worin der qualitative Unterschied zu dem Kornkreis vom Vortag bestand, der zu Forschungszwecken ins Feld gewalzt worden war. Auf den ersten Blick konnte ich nichts von Bedeutung entdecken. Auch auf den zweiten Blick nicht. Damit stand für mich fest, dass Menschen durchaus zu solchen Leistungen fähig sind – ich musste an die beiden Rentner aus England denken.

Etwas desillusioniert nahm ich dennoch weiterhin an den Sitzungen der *Forschungsgesellschaft Kornkreise e.V.* teil. Die Berichte und Forschungsergebnisse waren oftmals sehr liebevoll zusammengestellt und nicht nur an den Haaren herbeigezogen, wie Unbeteiligte gern glauben. Und so manch ein nüchterner Vortrag hatte zumindest einen hohen Unterhaltungswert. Warum auch sollte man nicht mal herzhaft lachen – zum Beispiel über die Mutmaßung, eine Kasseler Kornkreis-Formation vom Sommer 1999 überbringe die

Botschaft, dass Erdbeben immer dienstags stattfinden.

Aber zum Glück hatte ich ja Harald Hoos kennen gelernt ...

Harald Hoos: Meine Begeisterung für Kornkreise geht auf den Besuch einer Buchhandlung zurück. Nichts ahnend und einfach nur von Neugier getrieben, erstand ich 1990 in einer Filiale der Medienkette *Zweitausendeins* das Buch *Kreisrunde Zeichen* von Pat Delgado und Colin Andrews. Zuvor war ich durch mehrere Berichte in den Medien auf das Thema *Kornkreise* aufmerksam geworden. Nun wollte ich wissen, was hinter diesem Phänomen steckt, und hoffte, in besagtem Buch Antworten auf meine Fragen zu finden.

Dass dieser Besuch bei *Zweitausendeins* mein Leben nachhaltig verändern sollte, wusste ich zum damaligen Zeitpunkt noch nicht. Ich verschlang das Buch geradezu; was dort beschrieben wurde, war ebenso aufregend wie beängstigend. Waren in den Getreidefeldern tatsächlich geheimnisvolle Kräfte am Werk? Wusste wirklich niemand, wie die Kreise entstanden sind?

Doch statt auf Antworten stieß ich bei der Lektüre nur auf neue Fragen. Aber was ich dort las, war so spannend, dass es mir schwer fiel, *Kreisrunde Zeichen* auf dem Nachttisch abzulegen und das Licht zu löschen. Sind SIE schon hier unter uns?, so fragte ich mich ein ums andere Mal.

Es folgten Diskussionen mit Freunden und Bekannten, und 1992 unternahm ich die erste Reise nach England. Schon am ersten Tag schritt ich ehrfürchtig den ersten Kornkreis ab – es handelte sich um einen alten, total zertrampelten einfachen Kreis in einem verblühten Rapsfeld. Im Lauf der folgenden zehn Tage hatte ich dann zum Glück Gelegenheit, zahlreiche wirklich beeindruckende Kornkreise zu sehen. Die Atmosphäre in den einzelnen Formationen und die Kontakte zu den anderen Besuchern brachten großartige, neue Erfahrungen.

Die sanfte Hügellandschaften Wiltshires und Hampshires zogen mich magisch an. Verbarg sich hinter diesen kunstvollen Zeichen doch etwas Außergewöhnliches, Übersinnliches? Ich habe jedenfalls nichts Derartiges erlebt und bin auch nicht auf irgendetwas Unerklärliches gestoßen. Allerdings blieb die wichtigste aller Fragen ohne Antwort: Wer macht die Kreise im Korn?

Zurückgekehrt nach Deutschland, führte mich mein Interesse in die *For-*

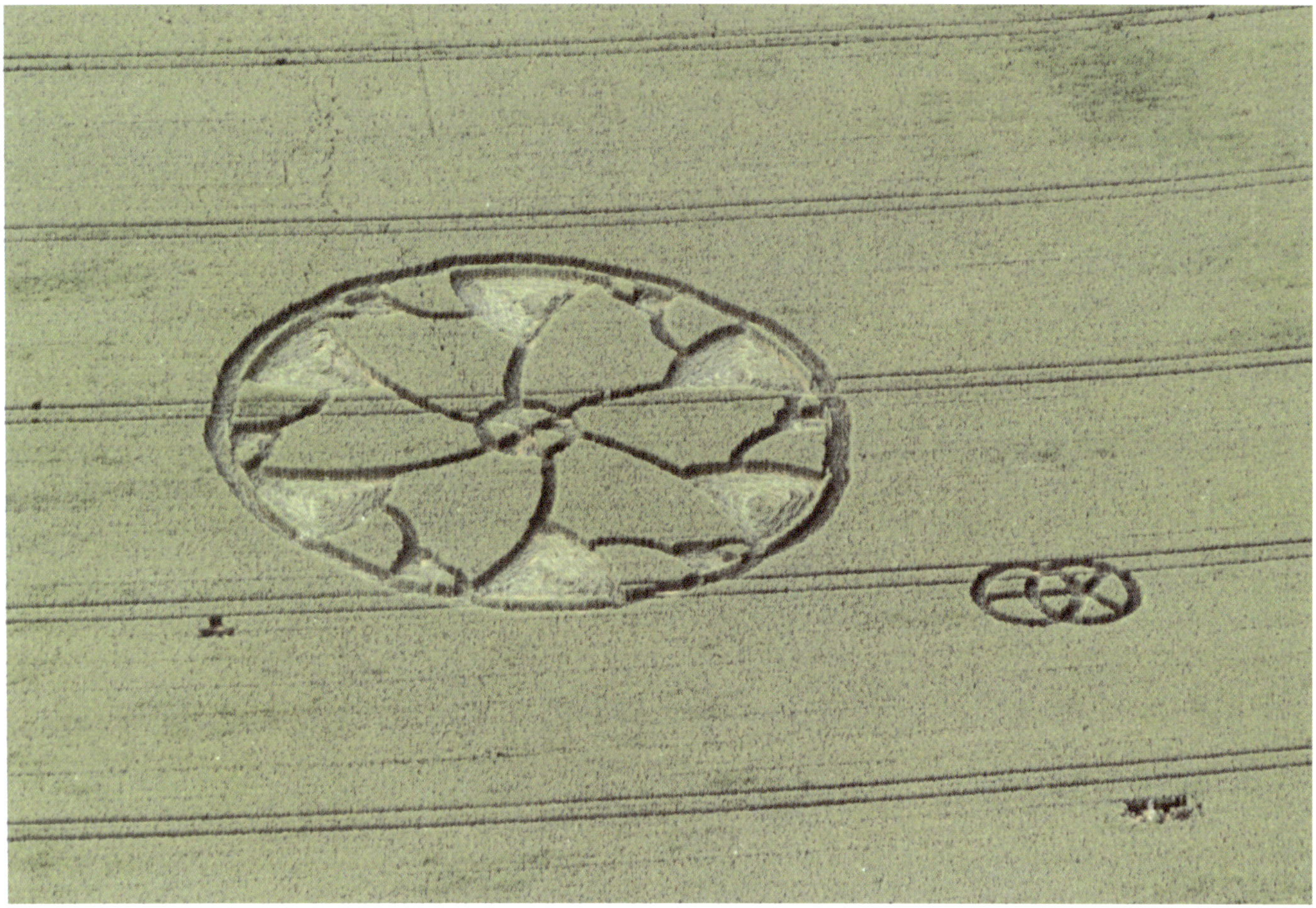

Die Geburt einer Leidenschaft

links:
Merxhausen bei Kassel, 2002

schungsgesellschaft Kornkreise e.V. In den folgenden Jahren verbrachte ich mehrere Urlaube in England. Und wie es der Zufall so wollte, bekam ich auch schnell Kontakt zu Kornkreismachern.

Nachdem sie mich eingehend »beschnuppert« hatten, zogen sie mich ins Vertrauen, und auf diese Weise beantworteten sich viele Fragen von selbst und viele Zusammenhänge wurden deutlich. Vor allem wusste ich nun, wer die Kunstwerke hervorbrachte. Aber die Neugier, einmal entfacht, ist unstillbar. Und so drängte es mich, zu erfahren, welche Motive die Kornkreismacher antrieben.

Schnell wurde mir klar, dass es eine Beziehung zwischen Kornkreismachern und Kornkreisforschern gab. Die Szene gewährte mir faszinierende Einblicke, die zugleich oft auch Einblicke in die Psyche der Beteiligten waren. Es offenbarten sich Zusammenhänge, die mein Bild von »Wissen« und »Wissenschaft« nachhaltig veränderten.

Von 1996 bis 2000 war ich Vorsitzender der *Forschungsgesellschaft Kornkreise e.V.* Angesichts dieser herausgehobenen Position bot meine zunehmend skeptische Sichtweise eine ideale Angriffsfläche. Wie, so die Kritiker, kann jemand von Kornkreisen fasziniert sein, wenn er zugleich davon überzeugt ist, dass sie von Menschen gemacht sind? Diese Frage wird mir übrigens auch heute noch sehr oft gestellt.

Nach mehr oder weniger langem Suchen und Tasten haben wir unseren Standpunkt gefunden. Als wache Beobachter dieser Kunstwerke und der Menschen in ihrem Umfeld betrachten wir uns als *Kornkreisvoyeure*.

Mit dem vorliegenden Buch, das aus unserer multimedialen Lichbildschau hervorgegangen ist, verbinden wir die Hoffnung, die Faszination für Kornkreise aus dem Klammergriff der Esoterik, der Ufologie und anderer Pseudowissenschaften zu befreien und einem breiten Publikum zugänglich zu machen.

Deshalb ist dieses Buch all jenen gewidmet, die Jahr für Jahr mit einer bemerkenswerten Schöpferkraft diese eindrucksvollen Kunstwerke in die sommerlichen Getreidefelder zeichnen.

Florian Brunner & Harald Hoos

Kornkreise – ein modernes Phänomen

Es begann 1978. Als der Landwirt Ian Stevens eines seiner Getreidefelder mähte, entdeckte er eine kreisrunde Fläche, auf der die Halme spiralförmig niedergedrückt waren. Zusammen mit seiner Familie betrachtete er diesen Kornkreis eingehend, dokumentierte ihn fotografisch und begann über seine Entdeckung zu rätseln.

links:
Spiralige Halmlagerung

rechts:
Ein einfacher Kreis, wie er 1978 ausgesehen haben könnte

Ende der siebziger Jahre wurde immer wieder von ähnlichen Erscheinungen in den südenglischen Feldern berichtet, es waren meist kleine, kreisförmige Gebilde. Niemand vermochte ihre Entstehung zu beobachten – geheimnisvoll tauchten sie aus dem Dunkel der Nacht auf. Natürlich warf dieses rätselhafte Phänomen Fragen auf: Wer ist für diese Kreise verantwortlich? Wie entstehen sie? Welchen Zweck haben sie? Enthalten sie eine Botschaft?

Zu diesem Zeitpunkt kannte man Berichte aus Australien über die so genannten *Tully-Kreise*, kreisrunde Niederlegungen beispielsweise in Schilf, die auch als *UFO-Nester* bezeichnet wurden. Waren die Kreise im Feld von Ian Stevens und andernorts gleichen Ursprungs? Es dauerte nicht lange, und erste Stimmen wurden laut, die die Kreise als Hinterlassenschaft von Außerirdischen deuteten. Eine der ersten Theorien war sehr einfach: Diese kreisrunden Abdrücke könnten Landespuren von UFOs sein.

1981 rückten die Kornkreise ins Licht einer breiten Öffentlichkeit. In der *Wiltshire Times* erschienen die ersten Artikel über das neue Phänomen. Die Diskussion begann. Nach weiteren Berichten in den Medien fiel dann auch der Startschuss für die Kornkreisforschung. Pat Delgado, ein pensionierter Maschinenbau-Ingenieur, zeigte großes Interesse an den Kreisen. Zu ihm stieß 1985 der Elektro-Ingenieur Colin Andrews. Beide kann man als die Begründer der Kornkreisforschung bezeichnen.

Sie riefen 1986 die *CPR – Circles Phenomenon Research Group –*, die erste Vereinigung für Kornkreisinteressierte, ins Leben. 1989 wurden die beiden mit ihrem Buch *Circular Evidence* weit über die Grenzen Englands hinaus bekannt. Im Folgejahr erschien die deutsche Ausgabe unter dem Titel *Kreisrunde Zeichen* bei *Zweitausendeins* und löste den ersten Kornkreisboom in Deutschland aus.

Anfang der achtziger Jahre waren die Spuren im Korn vorwiegend in der englischen Grafschaft Hampshire zu finden, in einem Gebiet rund 50 Kilometer

links:
Komplexer werdende Piktogramme führten die ersten Entstehungstheorien ad absurdum

rechts:
Die Punch Bowl am Fuße des Cheesefoot Head; in dieser Region wurden die ersten Kornkreise entdeckt

nördlich von Southampton. In dieser hügeligen Landschaft mit weitläufigen Feldern gibt es eine sehr markante Stelle, die *Punchbowl* am Fuße des *Cheesefoot Head*, etwa 20 Kilometer von der Stadt Winchester entfernt. Die *Punchbowl* erscheint dem Betrachter als eine Art natürliches Amphitheater. Die Fahrstraße A272 führt in einem langen Bogen oberhalb dieses Talkessels entlang und erlaubt einen guten Blick auf das Feld innerhalb dieser Mulde. Eine ideale »Leinwand« für jeden Kornkreiskünstler!

In den ersten Jahren wurden dort einfache Kreise und Anordnungen von Kreisen entdeckt, Formationen, die auf Grund ihrer geringen Ausmaße und schlechten Qualität heute kaum noch Beachtung finden würden.

Doch die Entwicklung schritt schnell voran. Aus den einfachen Kreisen und Kreisanordnungen wurden Kreise mit Ringen, die ersten Pfade zwischen den Einzelkreisen tauchten auf, so genannte *Boxes*, separat im Feld liegende rechteckige Elemente, und viele andere Zutaten mehr.

Mit der fortschreitenden Komplexität mussten auch die ersten Theorien über den Haufen geworfen werden. Weshalb sollte ein UFO beim Landen etwas anderes als einen Kreis hinterlassen? Auch Terence Meaden, ein Meteorologe, der die Auffassung vertrat, dass möglicherweise ein *Plasma Vortex*, ein Wirbelwind aus ionisiertem Gas, die Ursache für die merkwürdigen Gebilde im Korn sein könnte, geriet mit seiner Theorie ins Straucheln.

Eine Zeit lang versuchte Meaden noch, gewisse Begebenheiten mit hüpfenden Plasmawirbeln, dann mit intelligent gesteuerten Wirbeln zu erklären. Diese Ansätze wurden jedoch vergleichsweise schnell mit dem Attribut der Lächerlichkeit versehen.

Dass hier Menschen am Werk sein könnten, wurde von den Kornkreis-Enthusiasten jener Tage zumeist ausgeschlossen. Wie sollte eine Gruppe von Menschen – unbemerkt! – so etwas während einer Nacht zu Stande bringen? Wie sollte es gelingen, bei Dunkelheit diese sehr präzisen Formationen ins Feld zu drücken und dabei Hunderte oder gar Tausende Quadratmeter Korn umzulegen?

Und außerdem: Viele UFO-Enthusiasten sahen in den Kornkreisen den Beweis für die Existenz von extraterrestrischen Flugobjekten und außerirdischer Intelligenz. Diejenigen, die jetzt von Menschenwerk sprachen, wollten aus Sicht der »Ufologen« einfach nicht wahrhaben, dass unbekannte Flugobjekte tatsächlich existierten! Jede Äußerung, die Kreise seien *man-made* – von Menschenhand geschaffen –, wurde als Ignoranz oder als Teil einer Desinformationskampagne abgetan.

Der Vollständigkeit halber muss erwähnt werden, dass über Warminster, eine Kleinstadt rund 100 Kilometer von diesem Geschehen entfernt, zu Beginn der siebziger Jahre eine enorme UFO-Sichtungswelle hinwegschwappte. UFO-Gläubige versammelten sich am *Cley Hill*, einem markanten Hügel unweit der Stadt, um dort gemeinsam das außerirdische Treiben zu beobachten und zu erleben. Vom *Cley Hill* aus hat man einen weiten Blick in die Umgebung, u.a. auch auf die *Salisbury Plain*, ein riesiges militärisches Übungsgelände mit regem Flugverkehr …

Eine neue Forschungsdisziplin entsteht

Seit Mitte der achtziger Jahre wird nun intensiv Kornkreisforschung betrieben. Weitere Interessierte gesellten sich zu Delgado, Andrews, Meaden und Busty Taylor, einem Hobbypiloten, der die betroffenen Felder aus der Luft fotografisch dokumentierte.

Die *Cereologen*, so nannten sich die ersten Kornkreisforscher bald, mussten sich nun gegenüber einer gütig lächelnden Öffentlichkeit bewähren. Also wurde eine Forschung betrieben, die den Anschein erweckte, naturwissenschaftlichen Standards zu genügen. Zudem mussten dringend überzeugende Indizien gefunden werden, die die These stützten, derzufolge die Kreise nicht von Menschenhand gemacht sein konnten.

Neben der bis dato nicht wiederlegten Behauptung, Menschen seien nicht in der Lage, bei Nacht und Nebel solch komplexe Geometrien ins Feld zu pressen, bestimmte bald ein weiteres, scheinbar stichhaltiges Argument die Diskussion: Viele Halme der umgelegten Getreidepflanzen waren nicht gebrochen, sondern knapp über dem Erdboden um ca. 90° in die Horizontale gebogen, setzten ihren Reifeprozess fort und richteten sich sogar wieder auf.

rechts:
Kornkreisforscher bei der Feldarbeit (oben); ein Kreiszentrum (unten)

Also schloss man daraus, dass nicht irgendeine Kraft die Halme mechanisch umknickt, sondern sie sanft biegt. Man sprach von einer »die Kreise verursachenden Energie«. Dieser Umstand wird schon in der frühen Literatur erwähnt und taucht als Argument bis heute immer wieder auf. Dass dieser *bent but not broken*-Effekt sowie das weitere Wachstum der Halme auf natürliche Gegebenheiten und die Eigenschaften von Getreide zurückzuführen und beispielsweise auch bei Windbrüchen zu beobachten ist, wird bis zum heutigen Tag bestritten.

Ebenso wurden die komplexen Muster, die die niedergedrückten Halme aufwiesen, ihre Verflechtung und die Spiraligkeit in der Halmlagerung als Indiz für einen nicht menschlichen Ursprung der Kornkreise bemüht. Man fand auch keine Fußspuren in neu entdeckten Formationen, selbst wenn der Ackerboden durch Niederschläge aufgeweicht war.

Es gab Einzelkreise, die keine begehbare Verbindung zu Traktorspuren erkennen ließen – wie also sollten in diesen Fällen »Kornkreismacher« nächtens gearbeitet haben? Elektronische Geräte wie Videokameras, Fotokameras usw. zeigten immer wieder Ausfälle, es wurde sogar von spontanen Batterie-Entladungen berichtet. Zu diesen vermeintlich harten Fakten gesellten sich zahllose Berichte aus dem Bereich des Okkulten: Medial begabte Personen gaben vor, bei der Entstehung der Kreise Botschaften empfangen zu haben, und einige Besucher von Kornkreisen berichteten von starken Empfindungen während ihres Aufenthalts in den betreffenden Feldern. Hierbei wurde sowohl von positiven Empfindungen, also Glücksgefühlen und Wohlsein, gesprochen als auch von Gefühlen des Verfolgtseins und der Angst bis hin zu Übelkeit und extremem Unwohlsein.

Doch für die Außenwirkung der *Cereologie*, der Kornkreisforschung, waren zunächst die greifbaren und messbaren Faktoren von Bedeutung. Und der größte Wunsch aller *Cereologen* ist es bis heute, das unmittelbare Entstehen eines Kornkreises zu dokumentieren.

Somit lag nahe, dass man sich auf die Lauer legte und ein besonders »gefährdetes« Gebiet überwachte. Damit war die Idee für *Operation White Crow* geboren, die das Ziel verfolgte, einige Felder am *Cheesefoot Head* zu überwachen. Bewaffnet mit Infrarotkameras und Lichtschranken, begaben sich einige Unentwegte vom 10. bis 17. Juni 1989 auf Posten.

links:
Meditation im Kornkreis

Man stelle sich folgendes Szenario vor: Eine Gruppe von Menschen, getrieben von der Erwartung, etwas Unbekanntem zu begegnen, sitzt nachts in einem Getreidefeld. Die Ruhe der Nacht und die gespannte Stimmung verleihen jedem kleinsten Geräusch gespannte Aufmerksamkeit.

Dabei kam es zu einem Zwischenfall, der bis heute durch die Kornkreis-Szene geistert und den Beteiligten noch immer einen Schauer über den Rücken jagt: Während einer Meditation näherte sich der Gruppe ein metallisches Klirren, verharrte einen Augenblick, entfernte sich wieder ein Stück, kam wieder näher und verschwand schließlich im Dunkel der Nacht. Dieses Klirren konnte sogar auf Tonband festgehalten werden.

War diese nächtliche Begebenheit schon furchteinflößend genug, so wuchs die Betroffenheit der Beteiligten am nächsten Tag noch, als in einem der Nachbarfelder tatsächlich ein Kornkreis entdeckt wurde!

Stand dieses Geräusch mit den Ereignissen im Nachbarfeld in unmittelbarem Zusammenhang? Alles passte so gut zusammen! Man wähnte sich in der Gewissheit, *ES* erlebt zu haben.

Spätere, wahrscheinlich objektivere Betrachtungen der Szenerie und auch Analysen des Tonbandmitschnitts ergaben, dass es sich bei dem Geräusch mit an Sicherheit grenzender Wahrscheinlichkeit um den Gesang des *Grashopper Warplers*, des *Feldschwirls*, einem nachtaktiven Vogel, handelte. Doch diese Erkenntnis verblasst bis heute vor dem mystischen Hintergrund dieser Nacht.

Weitere Überwachungsaktionen folgten. Ebenfalls sehr groß angelegt war 1990 die *Operation Blackbird*. Diesmal nicht in Hampshire, sondern bei *Bratton Castle* in Wiltshire wurde das technische Equipment in Position gebracht. Man legte äußersten Wert auf Geheimhaltung, war man doch mit dem Vorwurf konfrontiert worden, bei *White Crow* hätten menschliche Kreismacher durchaus Informationen erhalten können, um sich unbemerkt einzuschleichen.

Bei der *Operation Blackbird* waren neben der *CPR* und den schon bekannten Kornkreispersönlichkeiten nun auch die *BBC*, der japanische Fernsehsender *Nippon TV* – außer den Engländern zeigten damals nur die Japaner großes Interesse an den Kornkreisen – und eine Delegation des englischen Militärs mit von der Partie. Auch diesmal mit zweifelhaftem Erfolg!

Als Delgado und Andrews eines Morgens eine Formation entdeckten, wussten sie noch nicht, dass ihnen einer der demütigendsten Tage ihres Lebens bevorstand. Vor der Erstbegehung des Feldes riefen sie die Medien zusammen. Sie planten wohl eine Art Triumphzug zu einer *echten* Kornkreisformation – diesmal aber unter den Augen der Öffentlichkeit. Was sie jedoch im Zentrum des Kreises vorfanden, war schockierend: ein seltsames Brettspiel, ein Holzkreuz und Draht – alles offensichtlich nicht extraterrestrischen Ursprungs. Nachdem dann die Videoaufzeichnungen der Nacht durchgesehen wurden, bestätigte sich, dass leibhaftige Menschen nachts im Feld zugange gewesen waren: Auf dem Bildschirm konnte man das Entstehen der Formation verfolgen.

Ab diesem Zeitpunkt wurde es zunächst ruhiger um die *Cereologie*. Die Medien zogen sich aus der Berichterstattung zurück, und die Forscher wurden vorsichtiger. Doch die »Macher« der Kreise ließen sich davon nicht beirren. Immer perfekter, komplexer, größer und in höherer Stückzahl erschienen die Geometrien in den Getreidefeldern Jahr für Jahr aufs Neue. Der Schwerpunkt verlagerte sich aus der Grafschaft Hampshire nach Wiltshire; Alton Barnes, ein Ort inmitten von quadratkilometergroßen Feldern, wurde nun zum Zentrum des Geschehens.

Seit *Circular Evidence*, der ersten Publikation zum Thema, ist eine Vielzahl weiterer Bücher erschienen. Dadurch wurden viele Menschen auf das Phänomen aufmerksam und wollten nun selbst in Augenschein nehmen, was sie gelesen hatten. Viele dieser Kornkreistouristen sahen sich als Hobbyforscher, die mit Menschen aus aller Welt einem fantastischen Rätsel auf der Spur sind.

Der Schock

Ein Datum, das kein *Croppie* – so nennen sich die Kornkreisenthusiasten in England – vergisst, ist der 9. September 1991. Das englische Boulevardblatt *Today* berichtete von zwei Rentnern, Doug Bower und Dave Chorley aus Southampton, beide über 60 Jahre alt, die sich als die Macher der Kornkreise

outeten. Der Schock war groß! Sollte das jetzt alles gewesen sein? Das Ende der Kornkreise?

Doug & Dave gaben in einem Interview weitere Details preis und sprachen auch über ihre Motive. Angeregt durch die schon erwähnten UFO-Nester und die in der Region existierende UFO-Szene, haben sie Ende der siebziger Jahre mit ihrem Treiben begonnen. Mit primitivsten Mitteln, einem Seil und einem Brett, pressten sie die ersten Kreise in die Felder. Oft waren sie nach ihren nächtlichen Aktionen in den nächsten Tagen als Beobachter mit vor Ort, bewunderten mit anderen Menschen zusammen ihr Werke und ließen sich durch die Interpretationen der Beobachter und Forscher neu inspirieren.

Wie sollte die Kornkreisszene mit dieser Enthüllung umgehen? Ein Kreis von Personen tat die ganze Geschichte als eine weitere Spielart der bereits erwähnten großen Desinformationskampagne ab. Nach ihrem Dafürhalten diente die Geschichte nur dazu, die Öffentlichkeit von der wahren Entstehungsursache der Kornkreise fernzuhalten, davon abzulenken, dass hier vor unseren Augen etwas geschieht, das geheim gehalten werden muss. Die Verschwörungstheoretiker liefen zur Höchstform auf. Es wurden viele Sachverhalte miteinander verquickt, die eigentlich nichts miteinander zu tun hatten.

Beliebtestes Thema waren die Aktivitäten des englischen Militärs. Militärhubschrauber wurden immer wieder im Umfeld der Kornkreise gesehen, und das gab Anlass zu Spekulationen und nährte die Verschwörungstheorien. Doch das ist dasselbe, als würde man sich vor ein Polizeirevier stellen und beim Anblick der vielen ein- und ausfahrenden Streifenwagen behaupten, man fühle sich verfolgt. Denn im Umfeld der *Salisbury Plain* sind, wie bereits erwähnt, zahlreiche Militärflugplätze angesiedelt.

Eine andere Gruppe aus dem Lager der Kornkreisgläubigen ging etwas bodenständiger, wenn auch nicht freundlicher mit den beiden Rentnern um. Wie sollten zwei Männer, beide über 60, in der Lage sein, Hunderte von Kornkreisen anzulegen? Allein in den Jahren 1989 und 1990 wurden mehrere hundert Kreise gezählt – einige unseriöse Quellen zählten gar Tausende von Kreisen.

Man glaubte, über diese Schiene den Gegenbeweis führen zu können. Aber die beiden Schelme hatten nie behauptet, für alle Formationen verantwortlich

rechts:
Doug Bower (li.) und Dave Chorley (re.)

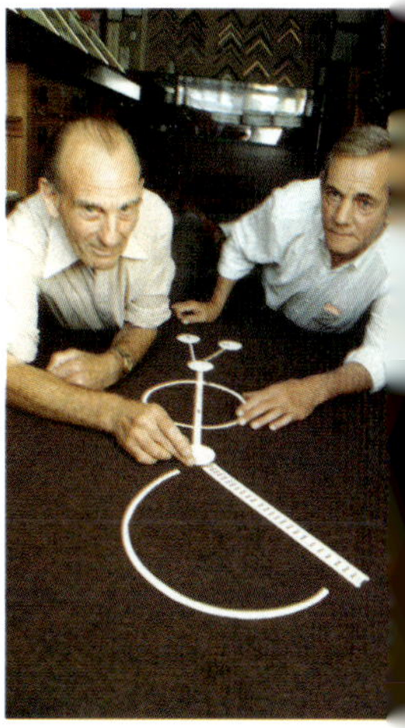

zu sein. Ab Mitte der achtziger Jahre waren wohl schon andere Personen und Gruppen am Werk. Und die wenigen Flächen platt gedrückten Korns zu Beginn der Kornkreis-Geschichte waren so klein, das sie rüstige Rentner wohl kaum überfordert haben dürften.

Selbstverständlich mussten Doug & Dave auch ihr Können unter Beweis stellen. Im Auftrag von *Today* legten sie inkognito eine Formation an. Pat Delgado wurde um eine Beurteilung des Werkes gebeten. Sein fachmännisches Urteil lautete, dass kein menschliches Wesen in der Lage sei, solch ein Werk zu schaffen. Delgado wurde daraufhin mit den wahren Entstehungshintergründen der Versuchsformation konfrontiert und musste sein Fehlurteil eingestehen.

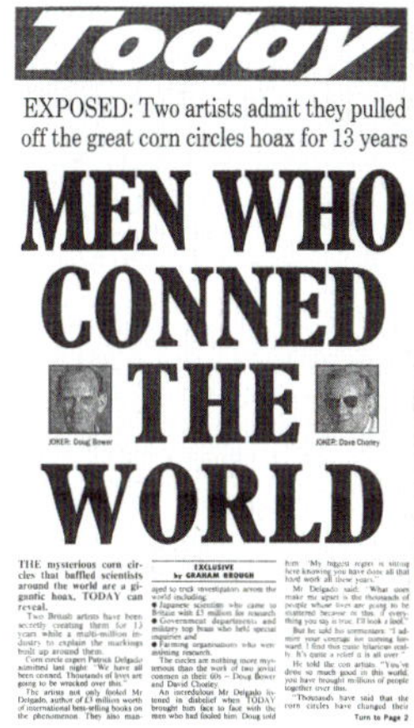

Today

EXPOSED: Two artists admit they pulled off the great corn circles hoax for 13 years

MEN WHO CONNED THE WORLD

links:
Formation am Fuße der Ringwallanlage *Olivers Castle* in der Nähe von Devizes/Wiltshire 1994

rechts:
Das britische Boulevardblatt *Today* mit der Schlagzeile vom 9. September 1991: *Die Männer, die die Welt an der Nase herumführten*

Die Zeit nach Doug & Dave

Mit der Enthüllung von *Today* verlor das Phänomen einen Großteil seiner Faszination. Man wusste jetzt definitiv, dass Menschen in der Lage waren, diese phantastischen Geometrien im Feld abzubilden. Die inzwischen entstandene internationale Kornkreisszene drohte zu zerbrechen. Und eine Frage rückte nun in den Vordergrund: Wie viele Formationen sind echt, also unbekannter Herkunft, und wie viele falsch, also von Menschen gemacht?

1992, ein Jahr nach Doug & Dave, war die Resignation noch deutlich zu spüren. Da legte der Biologe Prof. Rupert Sheldrake in Zusammenarbeit mit dem deutschen Wissenschaftsmagazin *PM*, der britischen Tageszeitung *Guardian* und dem *Cereologist*, der ersten englischen Kornkreis-Fachzeitschrift des Herausgebers John Michell, nach: Er schrieb einen Kornkreis-Wettbewerb aus. Zwölf Teams bekamen in einem Feld bei West Wycombe je eine Parzelle zugeteilt, in der sie bei Nacht eine vorgegebene Formation im Feld umsetzen mussten. Erneut wurde klar, welch außergewöhnliche Kreationen Menschen binnen einer Nacht mit einfachen Werkzeugen hervorbringen können.

Die friedlichen Zeiten in der Kornkreisforschung waren vorüber. Viele neu entstandene Gruppierungen lösten sich auf, die *CCCS – Center for Crop Circle*

Studies –, die um die 1000 Köpfe zählte, verlor viele Mitglieder. Auch außerhalb Englands führten die Ereignisse zu großer Verwirrung. War man einem Streich der ohnehin als skurril verschrieenen Engländer aufgesessen? Die 1991 in Deutschland gegründete *Forschungsgesellschaft Kornkreise e.V. (FGK)* geriet somit schon kurz nach ihrer Gründung ins Trudeln, stürzte aber trotz allem nicht ab.

In den ersten Jahren nach 1992 waren die Kornkreisenthusiasten in erster Linie damit beschäftigt, die für sie und ihr Phänomen abträglichen Ereignisse zu ignorieren und wegzureden. Es konnte einfach nicht sein, was nicht sein durfte. Oft schlug die Verzweiflung in Aggressivität um. Hatten viele im Umfeld der Kreise eine neue geistige Heimat und damit auch Geborgenheit und soziale Kontakte gefunden, so drohte diese phantastische Welt jetzt zu zerbrechen. Doch zum Glück tauchten jedes Jahr wieder neue Kornkreise auf. Nach einer schöpferischen Pause liefen die Kreismacher ab 1994 zu neuer Form auf.

Die Kornkreisszene wurde bunter und heterogener. Zu den Personen, die an der Vorstellung von einem uns unbekannten, nicht menschlichen Phänomen festhielten, kamen diejenigen, die in den Kornkreisen Kunstwerke, also *Landart* sahen. Und es gesellten sich jene hinzu, die von den psychologischen und sozial-integrativen Auswirkungen der Getreidebilder fasziniert waren, Personen, die weniger zur Beobachtung ins Feld gehen, sondern ihre Studien abends im Pub bei einem *Pint of Lager* betreiben.

Kornkreise in Deutschland und anderen Ländern

Anfang der neunziger Jahre schwappte die Welle der Kornkreise auf Deutschland und andere europäische Länder über. Eine hohe Zahl an Kornkreispiktogrammen ist Jahr für Jahr in den Niederlanden zu finden, vereinzelt erreichen uns Berichte aus dem ehemaligen Jugoslawien, aus Tschechien

Neue Verkehrsschilder

Pfiffige Zeitgenossen kreierten 1994 gleich mehrere neue Verkehrszeichen, die auf neue Gefahrensituationen im englischen Straßenverkehr hinweisen sollten.

Hatte noch im Frühsommer 1994 am *East Field* bei Alton Barnes ein Straßenschild auf *UFOs for 1 mile* hingewiesen, wurde Anfang August eine durchaus irdische Warnung ausgesprochen: *Hoaxers Crossing*!

Ist es auf dieses Warnschild zurückzuführen, dass noch niemals ein Kreismacher nachts das Opfer eines Verkehrsunfalls wurde? Nein, sicher nicht! Denn aus fanatischen Forscherkreisen kam nach Entdeckung dieses Schildes der Einwand, dass sie sich durch diesen Hinweis eher zum Gasgeben aufgefordert sehen …

Wohl inspiriert durch die Schilder bei Alton Barnes, tauchte später im Jahr bei Fyfield eine weitere, sehr wertende, Variante auf: *Men at Play*.

Abmontiert und für Jahre verschollen, tauchte *Hoaxers Crossing* 1998 im *Croppies Room* des Kornkreis-Pubs *Barge Inn* wieder auf.

links:
Escheberg bei Kassel, 2000

rechts:
Eine Replik der Grasdorf-Platten

und aus Dänemark, um nur einige Länder zu nennen. Blickt man über den großen Teich, trifft man auf vereinzelte Meldungen über Kornkreise aus den USA und Kanada und selbst vom anderen Ende der Welt, aus Neuseeland trafen Schilderungen über Kornkreise ein.

In Europa hat sich einzig in den Niederlanden und bei uns in Deutschland eine mit englischen Verhältnissen vergleichbare Szene gebildet. In beiden Ländern gibt es Gruppen, die eine aktive Kornkreisforschung betreiben. Ebenso in Kanada und den USA, wo inzwischen neben einheimischen auch ehemalige englische Kornkreisforscher aktiv sind.

Die ersten hiesigen Berichte aus den Jahren 1991 und 1992 wurden kurz von der Öffentlichkeit aufgegriffen, dann aber sehr schnell erklärt: In Kiel gestanden Studenten ein, dass sie nachts in den Feldern aktiv gewesen waren – man kannte ja Doug & Dave.

Also war alles mit rüstigen Rentnern und unausgelasteten Studenten zu erklären. Die öffentliche Zurückhaltung beruhte zum Teil auch auf den Berührungsängsten, die die Medien gegenüber solchen Themen haben.

Doch auch hierzulande verstanden es einige Einzelpersonen und Gruppen, das Phänomen der Kornkreise aufleben zu lassen. 1991 machte eine Formation bei Grasdorf in Niedersachsen Furore und ist noch bis heute im Gerede. Innerhalb dreier Kreiszentren wurden angeblich Metallplatten ausgegraben, eine Bronze-, eine Silber- und eine Goldplatte, auf denen jeweils die entstandene Formation abgebildet war.

Nachvollziehbar bleibt, dass wohl tatsächlich eine Bronze- und eine Silberplatte existierten oder existiert haben, die goldene Platte wurde jedoch nie gesehen und dadurch zum Mythos stilisiert. Die beiden existierenden Platten gingen durch verschiedene Hände, ihr Weg aber ist heute nicht mehr nachvollziehbar.

Gezeigt wurden sie beispielsweise auf UFO-Kongressen, was einen Markt erschloss, der es einem bekannten Esoterik- und UFO-Magazin erlaubte, eine in Bronze gegossene Replik an die staunenden UFO- und Kornkreisjünger zu verkaufen.

1996 setzte in Deutschland ein Kornkreisboom ein. Bei Zierenberg, rund 20 km von Kassel entfernt, rief ein einfacher Kreis mit Ring viele Interessierte auf den Plan. Die Hobbyforscher stürz-

links:
Kleiner Rapskreis, nachdem der Raps verblüht ist; Schleswig-Holstein, 1998

ten sich in die Arbeit, und innerhalb kürzester Zeit bildete sich eine feste Interessengruppe in der Region.

Wie sollte es bei solchen Voraussetzungen auch anders sein: Nach 1996 folgten viele Formationen rund um Kassel. Diese Region kann heute als das Zentrum der deutschen Kornkreise und der deutschen Kornkreisforschung bezeichnet werden. Die *Forschungsgesellschaft Kornkreise e.V.* hält seit 1997 in Zierenberg ihre jährlichen Versammlungen ab.

Jedes Jahr ab Mai durchkämmen mehrere Dutzend Personen die Landschaft, fahren Hunderte oder gar Tausende Kilometer auf engstem Radius, um mögliche neue Formationen zu entdecken und diese dann akribisch zu dokumentieren. Vermessen, Zeichnen, Luftbildfotografie – das gehört zum normalen Ablauf einer Kornkreisentdeckung. Das Jahr 2000 war im Kasseler Raum der bisherige Höhepunkt: 16 Formationen wurden entdeckt und untersucht.

Anders als in Kassel waren die Kornkreise in Angeln, einer Region in Schleswig-Holstein nahe der Stadt Schleswig, nur ein kurzes, dreijähriges Intermezzo. Mit durchschnittlich einem Dutzend Formationen jährlich tauchte das Phänomen 1996 auf und verschwand 1998 wieder. Auffällig war bei den Kreisen entlang der Schlei, dass sie allesamt die gleiche Handschrift trugen. Meist kleine, ästhetisch sehr gelungene Piktogramme zierten die Landschaft. Auch hier bildete sich für kurze Zeit eine Szene, die jedoch nie die Ausprägung wie in Kassel gefunden hat.

Mit Spannung blicken die Kornkreisbeobachter seit 2001 auf zwei weitere Gebiete in Deutschland. Im Gebiet zwischen Sinsheim und Heilbronn in Baden-Württemberg mauserten sich vereinzelte einfache Kornkreise der Jahre 1997 und 1998 zu faszinierenden Kunstwerken einer neuen Stilrichtung im Jahr 2001.

Gleiches geschieht in Mecklenburg-Vorpommern, in der Nähe von Stralsund und speziell auf der Insel Rügen. Auch von dort werden seit 2001 vermehrt Kornkreissichtungen gemeldet.

Alles in allem hat sich in Deutschland eine ähnliche Fangemeinde wie in England entwickelt. Einige deutsche Internetseiten informieren über das aktuelle Geschehen, und die Lokalpresse berichtet hin und wieder über die Ereignisse in und um die Felder.

THE BARGE INN

Eine sachliche Berichterstattung seitens der Medien findet jedoch in den seltensten Fällen statt. Entweder werden die Kornkreise und deren Beobachter belächelt und pauschal als UFO-Spinner abgetan, oder es wird alles mit nachtaktiven Rentnern erklärt. Oft entsteht der Eindruck, es sei unangenehm, über etwas zu berichten, was man nicht in zwei Sätzen erklären kann.

links:
Der Szenetreff *Barge Inn*

rechts:
Blick in den *Croppies Room* des *Barge Inn*: die mit Kornkreismotiven ausgestaltete Decke (oben) und eine Informationstafel (unten)

Der Kornkreis-Tourismus

In England haben die Kornkreise immer raffiniertere Formen angenommen. Kunstwerke mit ungeahnten Ausmaßen, fraktale Abbildungen im Feld, Formationen, die sich aus bis zu über 400 Einzelkreisen zusammensetzen und vieles mehr sind heute jeden Sommer zu beobachten.

Seit Mitte der neunziger Jahre hat das Phänomen einen solchen Bekanntheitsgrad erreicht, dass es wahre Menschenströme an die Orte des Geschehens zieht. Heute ist ein regelrechter Kornkreis-Tourismus zu beobachten.

Deutsche, Holländer, Amerikaner, Kanadier, Japaner – um nur die am häufigsten vertretenen Nationen zu nennen –, zieht es jeden Sommer nach Süd-England. Das *Barge Inn*, ein Pub bei Alton Barnes am Kennet Avon Canal gelegen, früher ein idyllischer Ankerplatz für Hausboote, ist mittlerweile *das* Kommunikations-Zentrum der Kornkreisszene. Der geschäftstüchtige Besitzer des Pubs hat die Zeichen der Zeit erkannt und einen Nebenraum als *Croppies-Room* zur Verfügung gestellt. Auf großen Pinnwänden sind dort alle aktuellen Informationen zu Ort und Lage der entdeckten Kornkreisformationen zu finden. Ein ortsansässiger Künstler hat den Raum liebevoll mit Motiven aus der Welt der Kornkreise ausgestaltet.

Die Tourismusbehörde der Grafschaft Wiltshire, die in ihren Prospekten für Attraktionen wie Stonehenge, Avebury und Silbury Hill wirbt, bedient sich auch der Kornkreise, die inzwischen ein wichtiger Tourismus- und Wirtschaftsfaktor geworden sind. Besucher müssen oftmals Eintrittsgelder von bis zu einem Pfund berappen, um eine Kornkreisformation

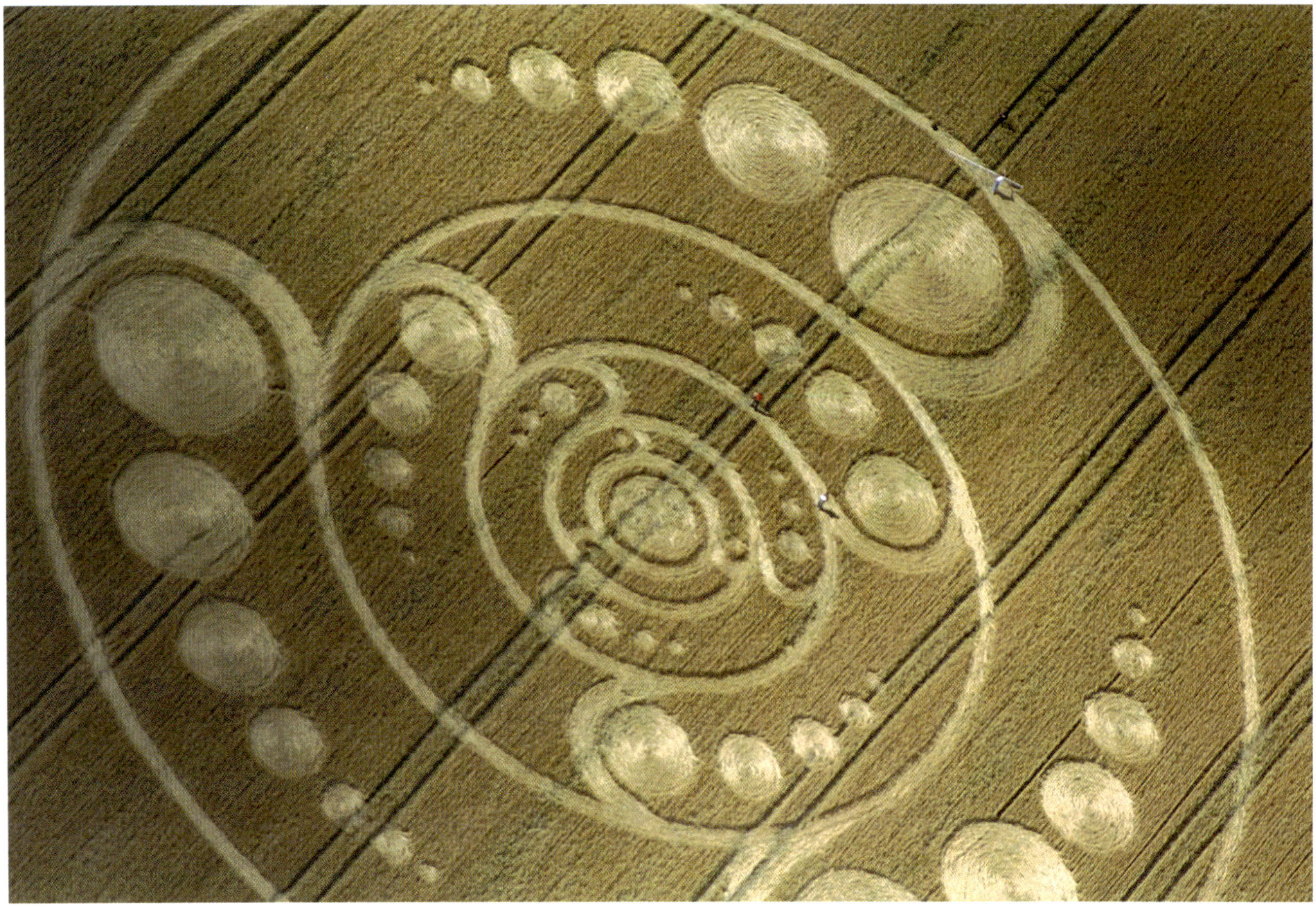

betreten zu dürfen. So erwirtschaften die Landwirte mitunter ein Vielfaches dessen, was ihnen durch die Kornumlegung an Schaden entstanden ist.

War es Zufall, dass 1993 am *East Field*, einem riesigen Feld bei Alton Barnes, schon der Wohnwagen zum Kassieren der Eintrittsgelder bereitgestellt war, bevor in dem Feld überhaupt ein Kornkreis zu finden war? Ein »betroffener« Landwirt, der 1996 auf seinem Feld gegenüber von Stonehenge das *Julia Set* präsentieren konnte, hat mit Parkgebühren, Eintrittskarten und Merchandising-Produkten innerhalb weniger Wochen mehr als £ 40000 erwirtschaftet.

links
Am Fuß des Golden Ball Hill bei Alton Barnes/Wiltshire, 2001

rechts:
1996 gegenüber Stonehenge: ein Landwirt vermarktet seinen Kornkreis

Das Phänomen lebt

Ab Mai, wenn das Getreide zu reifen beginnt, steigt in England, Deutschland oder anderswo die Spannung: Wo wird der erste Kreis erscheinen? Wer kann das Prädikat »Erster Kreis des Jahres 200X« für sich reklamieren? Die Zugriffszahlen auf die Internetseiten steigen, und erste Reisepläne werden geschmiedet.

Unabhängig von der Tatsache, ob es ein *echter* oder ein *falscher* Kreis ist, geht von den Spuren im Korn eine magische Anziehungskraft aus. Das Zusammenspiel zwischen Landschaft und Kunst übt auf den Betrachter eine bewusstseinsverändernde bzw. bewusstseinserweiternde Faszination aus, die ihresgleichen sucht.

Viele Betrachter berichten, dass sie durch die Kornkreise eine neue Beziehung zu ihrer Umwelt entwickelt haben und Natur neu erfahren. Vereinzelt wurde schon von der Linderung körperlicher Beschwerden, ja sogar von Heilungen berichtet.

Das wahre Phänomen zeigt sich nicht in der Entstehung, sondern in der Wirkung der Kreise. Den kunstvollen Formationen ist es in den zurückliegenden Jahren gelungen, Menschen unterschiedlicher Herkunft und Weltanschauung zusammenzuführen. Allen gemeinsam ist die Sehnsucht nach Spiritualität in unserer entmystifizierten, verwissenschaftlichten und hoch technisierten Welt.

Das Phänomen lebt

links:
Stanton St. Bernard/
Wiltshire, 2001

So ist zu beobachten, dass auch nüchterne Wissenschaftler in der Beschäftigung mit diesem Phänomen eine kleine Flucht aus ihrem Alltag sehen. Diese Personen verleihen durch ihre Anwesenheit – und vor allem durch ihre Titel und Reputationen – der Forschung im okkulten Bereich eine scheinbare Seriosität.

Die Säkularisierung unseres Alltagslebens ist nahezu umfassend, was mehr und mehr zur Rückbesinnung auf alte Traditionen führt. Wer die Geschichte der Kornkreise von ihrem Anbeginn an mit wachen Augen beobachtet und analysiert hat, dem kann kaum entgangen sein, dass es sich bei diesem, wie auch bei anderen Phänomenen aus dem Bereich der Grenzwissenschaften im weitesten Sinne um eine Art Ersatzreligion handelt, auf die viele Gläubige ihre Sehnsüchte und tiefsten Wünsche projizieren.

Kornkreise in der Werbung

links:
Das Firmenlogo der *Soil Association*

rechts oben:
Der von Mitsubishi in Auftrag gegebene »Kornkreis«

rechts unten:
Die Konturen des Saarlandes im Feld – es handelt sich um eine Fotomontage

Im Jahre 1996 veranlasste ein Werbeteam des Automobilkonzerns *Mitsubishi* die Schaffung eines »Kornkreises« im *East Field* bei Alton Barnes. Es bestand kein Zweifel, dass das Abbild des neuesten Mitsubishi-Modells ein PR-Gag war, konnte man die Macher doch am Tage bei ihrer Arbeit beobachten.

Für eine Werbekampagne der Firma *Soil Association*, ein englischer Zulieferer der Agrar-Industrie, wurden drei Personen aus der Kornkreisszene engagiert – zwei englische Kreismacher und der Mitautor dieses Buches, Harald Hoos –, die gegen ein Honorar das Firmenemblem ins Feld bringen sollten. Gerade diese Formation zeigt, dass viele Effekte, Spiraligkeit in der Halmlagerung, einzelne noch aufrecht stehende Halme, Verwebungen der Halme und vieles mehr zufällig und unbeabsichtigt entstehen und somit keinesfalls als Hinweis auf eine unbekannte Macht oder Energie verstanden werden können.

Dazu kommt die Erfahrung der Macher, dass Kornkreise besser mitten in der Nacht entstehen sollten, da die Hitze, die tagsüber in einem Kornfeld herrscht, unerträglich ist.

Authentische Kornkreis-Fotos standen für eine Anzeige der *Landesbank- und Girozentrale Saar* Pate. Mit Hilfe einer geschickten Fotomontage gelang es der Werbeagentur, die Umrisse des Bundeslandes Saarland ins Feld zu »drücken«.

Dem Fernsehspot *Nicht alles ist so, wie Du denkst? Nicht alles kommt so, wie Du denkst ...* der Firma *KIA-Motors* liegt eine Kornkreisformation aus dem Jahr 1996 zu Grunde.

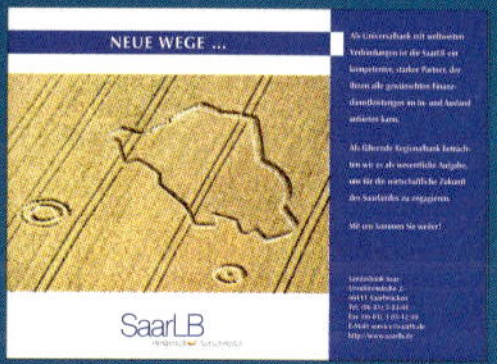

Gibt es »historische« Vorbilder? *Ulrich Magin*

Immer wieder wird behauptet, dass es Kornkreise bereits seit Jahrhunderten wenn nicht gar seit Jahrtausenden gibt – als Quelle bzw. Beweis verweisen die Verfechter dieser These auf historische Schriften und Bildzeugnisse.

Aber ist dort tatsächlich von Erscheinungen die Rede, die mit heutigen Kornkreisen verglichen werden können, oder werden dabei nur alte Berichte durch unsere »moderne Brille« betrachtet?

links:
Avebury Trusloe/
Wiltshire 2000

Der Kornkreis des Gilgamesch

Die älteste Erwähnung eines Kornkreises findet sich – so Michael T. Shoemaker – im Gilgamesch-Epos. Über König Gilgamesch (um 2600 v. Chr.) wurden zahlreiche Sagen erzählt, schließlich erstellte um 1200 v. Chr. ein Dichter die *Zwölftafel-Version*.

In der vierten Tafel dieses Standardtextes wird erzählt, wie Gilgamesch und sein Freund Enkidu den Zedernberg erklimmen, wo sie das Ungeheuer Humbaba töten wollen: »In drei Abschnitten steigen sie, durch drei Träume ermutigt, den Berg hinan. [...] Vom Sonnengott Samas unterstützt, der ihnen acht große Winde zu Hilfe schickt, überwältigen sie den zornig herbeigeeilten Humbaba und töten ihn.«[1] Shoemaker macht auf folgende Passage aufmerksam: »Ein Wirbelwind zog vorbei, und er festigte (?) [ ] / Er ließ ihn im Kreise liegen und [ ] / [ ] wie wilde Gerste [ ].«[2] Shoemaker kommentiert: »Das Zusammentreffen von Wirbelwind, Kreis und Gerste ist sicherlich verlockend, obwohl der Kreis natürlich ein magischer Kreis gewesen sein könnte, der auf den Boden gezeichnet war.«[3]

Das betreffende Fragment steht in folgendem Zusammenhang: »Auf den Berg stieg Gilgamesch und / Brachte dar ein Mehlopfer ... / ›Berg, bring mir einen Traum mit einer guten Nachricht!‹/ Der Berg brachte tatsächlich einen Traum. / [...] / ›[...] O Freund, ich hatte nämlich einen dritten Traum. / Und dieser Traum war ganz entsetzlich. / Der Himmel schrie, die Erde dröhnte, / Das Licht erlosch, und finster war es um mich her. / Ein Blitz zuckt' auf, empor die Flamme loderte, / ... die Wolken quollen mächtig: Tod regnete herab! / Die Rotglut schwand, erloschen war das Feuer. / Alles, was herabgefallen, war zu Asche nun geworden‹«[4] Seit alters schützt sich der Magier durch einen Kreis, den er um sich zieht; der im Epos erwähnte Kreis kann nur solch ein magischer Abwehrring gewesen sein.

Kornkreise in Qumran?

Seit Jahren spekuliert eine Flut von Büchern über die jüdischen Schriften aus den Höhlen am Toten Meer bei Qumran. In einem dieser längst widerlegten Werke[5] findet sich die Übersetzung eines Fragments einer angeblichen Noah-Apokryphe (4Q534-536), die – so Bob Kingsley – auch einen Verweis auf Kornkreise und Entführungen durch Außerirdische enthält.

4. Die Geburt des Noah (4Q534-536)
Fragment 3, Spalte 1 (1) »...von der Hand, zwei ... es lie[ß] ein Zeichen zurück von ...(2) ... Gerste [und] Linsen auf ... (3) und winzige Zeichen an seinen Oberschenkeln ... [Nach zw]ei Jahren wird er ein Ding vom anderen unterscheiden können.«

Kingsley liest sehr viel in diese Passage hinein: »[D]ieses Pergament [beschreibt] möglicherweise einen Noah, der eine nahe Begegnung der Vierten Art mit einem UFO erlebt hat. [...] [D]ie Entführten [berichten] von kleinen Malen an ihren Gliedmaßen oder an ihrem Torso. [...] Die folgenden Passagen des Noah-Dokuments scheinen sowohl in ufologischer wie cerealogischer Hinsicht höchst bedeutsam. Vielleicht (wenn wir etwas frei interpretieren) lautete der Text ursprünglich etwa so: ›... es ließ Zeichen zurück von (OBEN IN DER) Gerste und in den Linsen (AM BODEN), und winzige Zeichen an seinen Oberschenkeln ...‹«[6]

Die Existenz eines »Kreises von Qumran« aus den vorgelegten Interpretationen zu bestätigen, erfordert reichlich Phantasie. Um das deutlich zu machen, sei hier noch eine andere Übertragung des Fragments aus einer wissenschaftlichen Publikation zitiert. Hier wird erst festgestellt: »Es gibt [...] keinen vernünftigen Grund, den Text

als Teil eines Buchs Noah zu betrachten«, dann folgt die Übersetzung des Textes, der hier als Beschreibung des kommenden Messias gelesen wird:

»[...] an der Hand zwei [Narben ...] eine Narbe. Rot wird sein Haar sein und Leberflecke werden auf [...] und kleine Narben auf seinen Oberschenkeln, und sie werden sich voneinander unterscheiden.«[7]

In dieser zweiten Übersetzungsvariante (beide wurden von Michael Wise angefertigt) ist nicht einmal von Getreide die Rede!

Der erste Kornkreis – in Holland?

Der »erste« Kornkreis soll 1590 in einem Feld bei Assen in Holland entdeckt worden sein.[8] Als Quelle dient ein Buch des englischen Wissenschaftlers Robert Plot, der – so verschiedene Autoren – 1677 bereits vermutet habe, »dass die Getreideformationen (einschließlich quadratischer und vieleckiger Muster!) Folge vom Himmel herabkommender Luftströme seien.«[9]

Robert Plot (1640–1696) studierte an der Oxford University und wurde in den Rat des Ashmolean Museums von Oxford gewählt, weil er als besonderer Kenner der Naturwissenschaften galt. Er war bis 1690 Dozent der Chemie an der Universität London und seit 1677 Mitglied der Royal Society. Sein bedeutendstes Werk ist *The Natural History of Stafford-Shire* (1686).

In diesem Buch diskutiert Plot u.a. einen doppelten Sonnenuntergang bei Leek[10], die Freimaurer, eine Frau, die eine Maus gebar, Volkstänze, Hexerei und die Eisenverhüttung. Dabei lässt sich Plot geographisch nicht einschränken. Man findet in seiner Sammlung u.a. den Fund eines versteinerten Schiffes in der Schweiz[11] oder die besagte Beobachtung von Kobolden beim Tanz im holländischen Assen in der Provinz Drenthe, die zugleich der häufig zitierte »Kornkreisbericht« ist:

Am 8. August 1590 (nach heutigem Kalender: 19. August) ging Frau Nicolaea Lang-Berhand um die Mittagsstunde nach Hause und beobachtete einen Kreis aus Menschen, die in einem Feld tanzten. Sie betrachtete sie näher und stellte fest, dass einige der Tänzer »gespal-

links:
Avebury Trusloe/
Wiltshire, 2001

tene Hufe wie Ochsen oder Geißen« hatten – dass es also Teufel waren. Plötzlich verschwanden die Leute außer einem gewissen Petter-Gross-Petter, »der kurz nachdem sie ihn sah, in die Luft gezogen wurde … und sie selbst wurde auch so kräftig mit dem Wind getrieben, dass sie fast den Atem verlor, und als sie nach Hause kam, musste sie drei Tage lang das Bett hüten.«

Zur gleichen Zeit soll der Hirte John Michael, der auf einer Eiche saß, gerutscht »und allmählich von einem Wirbelwind ergriffen worden sein«. Der Wirbel setzte ihn auf einer nahen Wiese wieder ab.

»An dem Platze, an dem sie getanzt hatten, fand man einen runden Kreis, in dem noch deutlich die Abdrücke von gespaltenen Hufen zu sehen waren, so genau wie die Hufspuren von Pferden, die man im Kreise gehen lässt … (der) Kreis blieb vom Tage danach … bis zum nächsten Winter, als er untergepflügt wurde.«[12]

Plot war der erste Autor einer Naturgeschichte Englands.[13] Er beschrieb als einer der ersten Dinosaurierknochen, die er – ganz Kind seiner Zeit – für die Überreste von Riesen hielt.[14] Plot versuchte, wie es dem Programm der Royal Society entsprach, »wissenschaftliche« Antworten zu finden. Daher akzeptierte er die Geschichten von Teufeln, die Kreise ins Gras trampelten, nicht, sondern zog es vor, die Kreise – ganz dem Geist der frühen Aufklärung verpflichtet – für natürliche Erscheinungen zu halten, auch wenn er die wahre Ursache nicht erkannte. Er vermutete, die neu entdeckte Elektrizität sei für die Erscheinung verantwortlich.

Das Phänomen von Assen ist im Grunde eine typische Elfensage mit höchstens peripherer Bedeutung für Kornkreisforscher.[15] Wie sieht nun der viel gerühmte »Kornkreistext« aus, der »von Ringen, Kreisen und anderen Formen, die auf Wiesen gefunden wurden«[16] berichten soll, die in »Gruppen zu drei oder mehr« auftraten?[17] Robert Rickard[18, 19] schreibt: »Dr. Robert Plot […] ging auf die Felder, nahm Bodenproben [innerhalb und außerhalb der Feenringe], roch die Erde, schmeckte sie, untersuchte die Färbung und den Gesundheitszustand der Vegetation, achtete auf das Verhalten der Tiere und sammelte Stellungnahmen von Ortsansässigen.« Die Feenringe, die Plot beschrieb, wurden in Pury-Hall und vor der Kirche von Handfworth Church in Staffordshire entdeckt – im Gras und nicht im Getreide.[20]

»In seinen Untersuchungen«, fährt Rickard fort, »behandelt Plot viele verschiedene Erklärungsversuche [...] Zuerst beschäftigte er sich – der Volkskunde seiner Epoche gemäß – mit den unausweichlichen tanzenden Hexen und Elfen. Aber mutigerweise hielt er sich mit einem Urteil zurück. Ihn interessierten vielmehr die natürlichen Erklärungen; sich bekämpfende Hirsche [wohl wegen der Hufspuren], der von Pilzen befallene Boden sowie (seine Lieblingstheorie) hohle ›Blitzschläuche‹. [...] alle von Plot untersuchten Ringe [waren] im Gras gefunden worden. Von flach gedrückten Kreisen in bebauten Getreidefeldern ist hier nirgendwo die Rede.

Wenn man seine weit reichenden Interessen sowie die große Anzahl der Gelehrten, mit denen er einen regen Briefwechsel pflegte (und die zum Stamm der eben gegründeten Royal Society gehörten), berücksichtigt, dann scheint es fast sicher, dass Robert Plot [...] das Phänomen der Kornkreise gekannt hätte – vorausgesetzt, sie wären damals zum Vorschein gekommen und besprochen worden. Aber er erwähnt sie an keiner Stelle.«

Die Kreise, die Plot beschrieb, befanden sich im Gras und zeichneten sich u.a. durch »Hufspuren« aus. Aus mehreren Charakteristika (etwa der Tatsache, dass sich die Kreise überschnitten) lässt sich folgern, dass er hauptsächlich über »Hexenringe« schrieb, kreisförmigen Pilzbefall auf Rasenflächen, möglicherweise auch über archäologische »Bewuchsspuren«.[21]

Der »mähende Teufel«

Als klassischer Beweis für die Existenz eines »vorgeschichtlichen« Kornkreises gilt die Flugschrift vom Mowing Devil. Sie zeigt auf einem Holzschnitt einen schwarzen Teufel mit Sense, der zwei Kreise ins Korn gemäht hat und trägt den Titel: »Der Mähende Teufel: / Oder, Eigentümliche Nachrichten aus Hertfortshire. / Das ist ein wahrhafter Bericht über einen Bauern, der mit einem armen Mäher über den Preis des Mähens von drei halben Morgen Hafer feilschte: Als der Mäher zu viel Geld verlangte, fluchte der Bauer, lieber

solle der Teufel den Hafer mähen als jener. Und so geschah es, dass noch in der gleichen Nacht das Feld wie in Flammen stand; und am nächsten Morgen war es vom Teufel oder einem Geist der Hölle so exakt gemäht wie es nie ein Sterblicher hätte bewerkstelligen können. Und wie jener Hafer nun noch auf dem Feld liegt und der Bauer ihn trotz aller Mühen nicht ernten kann. Genehmigt am 22. August 1678.«

Der ausführliche Titel geht gerade auf das nicht ein, was an dem Ereignis am interessantesten erscheint: auf den Kreis nämlich. Auch war das Getreide nicht wie bei Kornkreisen umgelegt, sondern geschnitten. Der eigentliche Text des Einblattdrucks[22] lautet in einer ausführlichen Zusammenfassung aus dem letzten Jahrhundert:[23]

»Ein geschäftstüchtiger, reicher Bauer besaß etwa drei halbe Morgen Hafer. Er ließ einen Nachbarn kommen, der den Hafer mähen sollte. Der arme Mann wollte einen guten Preis für seine Arbeit haben. Böse Worte wurden gesprochen, und letztendlich sagte der verärgerte Bauer mit festem Blick und einer hastigen Geste zu dem armen Mann, ›dass lieber der Teufel selbst den Hafer schneiden solle als dass er mit dem armen Mann Geschäfte mache‹.«

Die Folgen dieses vorschnellen Urteils werden dann folgendermaßen beschrieben:

»Wir wollen nicht die Ursache ergründen, aber wir sind uns doch sicher, dass, wie der verlässlichste Bericht besagt, noch in der gleichen Nacht, in der sich der arme Mäher und der Bauer trennten, verschiedene Leute das Haferfeld in Flammen stehen sahen. Das dauerte eine geraume Zeit und verblüffte alle, die es sahen. Die rare Nachricht wurde dem Bauer am nächsten Morgen von einigen Leuten zugetragen. Er wurde sehr neugierig und ging hin, um nachzusehen. Bei seinem Haferfeld sah er zu seiner Verblüffung, dass das Getreide bereits geschnitten war; und als ob der Teufel seine Verschlagenheit hätte zeigen wollen, hatte er es nicht in der üblichen Weise gemäht, sondern in Kreisen, und jeden Strohhalm legte er mit solch einer Genauigkeit, dass es für Sterbliche ein Menschenalter gedauert hätte, was er in einer Nacht vollbracht. Der Mann, dem der Hafer gehört, ist zu ängstlich, ihn zur Tenne zu holen.«

In dem Text wird nicht der Kreis, sondern das Mähen als das eigentliche Teufelswerk beschrieben. Im gesamten Text, der drei Druckseiten umfasst, wer-

rechts:
Der »mähende Teufel«

links:
Bei Silbury Hill/
Wiltshire, 2001

den die »runden Kreise« nur in einem Nebensatz angesprochen. Weshalb diese Zurückhaltung? Nigel Pennick weist darauf hin, dass das Mähen von Getreide in Kreisform die im Mittelalter übliche Art der Ernte war. Ein Artikel von Heinrich Winter in der nationalsozialistischen Zeitschrift *Germanien* beschreibt das in den 1930er Jahren in einigen gebirgigen Gegenden Deutschlands noch übliche Radmähen:

»Bei dieser Mähart schreitet der Bauer mit seiner Sense [...] hinein in den Fruchtacker und beginnt mit dem Mähen in der Mitte, indem er in immer größeren Linkskreisen die Halme umlegt. Dadurch bilden die umgelegten Halme eine Wendeline [= Spirale], die der Bauer Rad, Schnecke, Pfannkuchen usw. nennt.«[24]

Das Flugblatt zeigt also eine herkömmliche Art des Mähens. Hauptthema ist der Konflikt zwischen den traditionellen Landwirten und den frühkapitalistischen Großgrundbesitzern aus dem Blickwinkel puritanischer Moralvorstellungen: Sünden wie Geiz und fehlende Solidarität werden sofort bestraft, und wer den Teufel anruft, der lockt ihn damit an. Es muss betont werden, dass es in der frühen Neuzeit üblich war, die Wunder in Flugschriften so zu erfinden, dass sie den Charakter einer Sensation erhielten und zudem die Bedürfnisse der Leserschaft erfüllten.[25]

Wie Rickard in seiner Analyse schreibt, bedarf es keines Fachmannes der Sozialgeschichte, um in der Geschichte den Disput zwischen einem reichen Großbauern und seinem armen Nachbarn zu erkennen:

»Die Pamphletisten dieser Epoche liefen besonders dann zu Hochleistungen auf, wenn sie das Wunschdenken-Thema der Vergeltung durch übernatürliche Kräfte ausschlachten konnten, um gegen die lasterhaften und geizigen privilegierten Klassen zu Felde zu ziehen.«[26] – »Weit verbreitet sind die Schwierigkeiten«, so der Historiker Paul Newmann[27], »die sich daraus ergeben, dass das Mittelalter wie eine moderne Bedienungsanleitung ›gelesen‹ wird. [...] Nur wenige Autoren sind ehrlich genug, darauf hinzuweisen, dass diese Geschichten keine Reportagen sind, sondern kunstvoll zusammengestellte ›Faktionen‹, die wirkliche Namen, Halbwahrheiten und Elemente älterer Legenden kombinieren. [...] Die Geschichten wurden von den alten Autoren so schamlos ausgenutzt wie es noch heute die Schreiber in Boulevardzeitungen tun.«

Die Flugschrift vom mähenden Teufel beschreibt keinen Kornkreis. Die Details weichen ab (geschnitten statt platt gedrückt), die (vermutlich fiktive) Geschichte wird nicht als Reportage erzählt, sondern als Gleichnis über soziale Gerechtigkeit, schließlich entspricht das Mähen in Kreisen der Vorgehensweise der einfachen Bauern. Der »mähende Teufel« wird nur dann zum Vorläufer moderner Phänomene, wenn Zeitumstände und Weltbild der Menschen, für die die Darstellung gedacht war, ignoriert werden.

Erasmus Darwin und die »Kornkreise«

Erasmus Darwin (1731–1802) war der Großvater von Charles Darwin. 1789 schrieb er das Gedicht *Botanic Garden*, das unter anderem folgenden Zweizeiler enthält:

»So entspringt aus dunklen Wolken der spielerische Blitz /
spaltet die starke Eiche oder drückt den Elfenring.«

Die Zeilen erklärt Darwin mit einer Anmerkung, die deutlich zeigt, dass er Robert Plots Bericht kannte:

»Es gibt ein Phänomen, vermutlich elektrisch, das bislang noch nicht erklärt ist; ich denke hier an die so genannten Elfenringe, die oftmals im Gras gesehen werden. […] Feuchte Bäume sind recht häufig Leiter für diese Blitze […] Zu anderen Zeiten sinken größere Teile oder Protuperanzen der Wolken allmählich herab, während sie vorbeiziehen, und entladen sich in die feuchteren Teile des Grases. Diese Protuperanz oder Ecke einer Wolke, die von der Erde angezogen wird, formt sich zu einem Zylinder, wie lose Wolle, die man als Faden herauszieht, und schlägt in die Erde mit einem Elektrizitätsfluss von zwei bis zehn Metern im Durchmesser.

Da nun der Elektrizitätsfluss die Luft ersetzt, durch die er strömt, kann natürlich das Gras nicht verbrannt werden bis auf den äußersten Ring dieses Zylinders, wo das Gras noch Luft hat. […] Nachdem die Erde so verkohlt wurde, wird sie fruchtbarer, und entweder Pilze oder blaueres Gras markieren viele Jahre lang diese Stelle …

Ich kenne einige Kreise von mehreren Metern Durchmesser dieser Art in Foremark, in Derbyshire, die jedes Jahr weiße Pilze und kräftigeres Gras erzeugen; und das so, wie man mir sagte, seit über 30 Jahren tun. Diese stärkere Fruchtbarkeit des Bodens durch Verkohlung und die Tatsache, dass es sich über viele Jahre erstreckt, verdient wohl die Aufmerksamkeit des Bauern. [Man kann] oft mehrere Elfenringe nebeneinander sehen, entweder ohne sich zu schneiden, wie ich diesen Sommer in einem Garten in Nottinghamshire beobachten konnte, oder sich schneidend, wie von Arthur's Seat in Edinburgh beschrieben wurde.«[28]

Hier wird lediglich über durch Pilzbefall entstandene Graskreise berichtet.

rechts:
Ein »Hexenkreis«: ein sich konzentrisch ausbreitender Pilzbefall. Wurde Gleiches im Fall von Bouxwiller beschrieben?

Die »Graszirkel« von Bouxwiller

Der Bastberg bei Bouxwiller im Elsass galt in der frühen Neuzeit als ein Platz, an dem die Hexen ihren Sabbath feierten. Der Frankfurter Patrizier Johann Friedrich von Uffenbach besuchte den Berg 1713:

»26. mai. Es ist sonst diesser berg derselbe davon ... gemeldet wird, dass man in dem Gras runde Zirkel findet, darin das Gras ganz gelb ist, und von deren uhrsach so vile muthmassungen gestellet werden; die gemeiner Leute opinion ist sonsten durchgehends, dass die hexen alda zusammenkähmen und ihren tanz hielten davon das gras so gelb würde.«[29]

Worum es sich bei diesen Graskreisen gehandelt hat, kann schwerlich per Ferndiagnose festgestellt werden. Sicher jedoch waren sie keine »modernen« Kornkreise, eine Deutung als »Hexenkreis« (durch Pilzbefall) scheint wahrscheinlicher.

Kornkreise und Landschaft – eine Symbiose

links:
Blick von Olivers Castle/
Wiltshire, 1994

Der Faszination der Kornkreise erst erlegen, sieht der Betrachter Landschaft und Umwelt in einem anderen Licht. Nicht nur während der Urlaubsreisen in England schweifen die Blicke über die Felder auf der Suche nach möglichen Kornkreisformationen.

Wir ertappen uns auch regelmäßig bei Fahrten in heimischer Landschaft dabei, dass die Aufmerksamkeit mehr den Feldern rechts und links als dem Verkehr auf der Straße gilt. Unsere Beifahrer können von manchem Schweißausbruch berichten, nachdem wir nur knapp einer Leitplanke entkamen. Viele *Croppie-Kollegen* berichten Ähnliches.

In gemütlicher Runde, nach dem dritten Bier, kann es durchaus vorkommen, dass auch mal der hartgesottenste Kornkreis-Gläubige, der vehement die Auffassung vertritt, dass ein Großteil der Formationen auf einem echten Phänomen unbekannter Herkunft basiert und jeden möglichen menschlichen Kornkreismacher verteufelt, verschämt zugibt, dass er beispielsweise auf seinem Weg zur Arbeit durch eine solch eindrucksvolle Landschaft mit Feldern fährt, in die ja so gut ein Kornkreis passen würde. Es sei dahingestellt, ob die Aliens sich auch an derlei Kriterien halten.

Die Geschichte der Kornkreise in den letzten Jahrzehnten zeigt, dass das Phänomen meist in einem bestimmten Landschaftstypus auftritt. Selbstverständlich sind Getreidefelder die wesentliche Voraussetzung. Doch es müssen weitere Bedingungen erfüllt sein: Die Felder müssen in einer hügeligen Landschaft liegen; somit ist gewährleistet, dass die Kunstwerke von Fahrstraßen aus eingesehen werden können. Kleine, einzelne Felder bieten wenig Anreiz, große, zusammenhängende Flächen hingegen stellen eine ideale »Leinwand« dar.

Die Hügellandschaft in Südengland

Die Grafschaften Wiltshire und Hampshire bieten unter diesem Gesichtspunkt ideale Vorraussetzungen: Felder mit Ausmaßen, wie sie in Deutschland unbekannt sind, eingebettet in sanfte Hügellandschaften, prägen die Region.

links:
Zwei Tumuli inmitten eines Feldes; links hinter der Baumgruppe sind Windschäden zu erkennen, die durch lokale Wirbelwinde verursacht sind

rechts:
Devil's Den, eine Steinsetzung in der Nähe von Marlborough/Wiltshire

links:
Die prähistorische Ringwallanlage Avebury/Wiltshire

rechts:
Menschen und Kultplätze in Avebury/Wiltshire

Neben Agrarwirtschaft wird in beiden Gebieten Schweine- und Schafzucht betrieben. Industrie spielt eine untergeordnete Rolle. Nur in Swindon, der Gebietshauptstadt Wiltshires, sind heute bedeutende Unternehmen aus der Automobil- und Rüstungsindustrie ansässig. Der Tourismus ist für die Regionen ein weiterer wichtiger Wirtschaftsfaktor.

Südengland ist bekannt durch seine sagenumwobenen Stätten: die rätselhaften Steinsetzungen, Hügelgräber und Ringwallanlagen. Die bekannteste Steinsetzung ist Stonehenge. Tausende von Touristen werden in den Sommermonaten täglich von der Megalithanlage angezogen. Noch heute gibt Stonehenge den Forschern Rätsel auf: Wer hat die Anlage errichtet, wie und warum wurde sie erbaut? Zur Sommersonnenwende zieht sie einen besonderen Kreis von Menschen an: die Druiden. Für diese religiöse Gemeinschaft ist Stonehenge der bedeutendste Kraftort und Kultplatz, den sie besitzen.

Doch Stonehenge ist nur eine von vielen Attraktionen dieser Region. Es gibt zahlreiche weniger bekannte Steinsetzungen, zum Beispiel Avebury: ein Megalithdenkmal, das auf das Jahr 1800 v. Chr. datiert wird. Drei Steinkreise aus riesigen Menhiren, umgeben von einem Ringwall, ergänzen sich zu einer imposante Anlage, die das Dorf Avebury umschließt. Heute führt mitten durch die historische Anlage eine Hauptstraße nach Swindon. Auch Avebury gilt immer noch als Kultplatz.

Noch älter als Avebury ist das etwa zwei Kilometer entfernt gelegene *Sanctuary*, das Heiligtum von Avebury. Dabei handelte es sich wahrscheinlich um einen runden Holzbau, von dem heute einzig noch die Pfostenlöcher, die durch Betonklötze markiert sind, Zeugnis geben. Nachdem die Steinsetzung von Avebury geschaffen war, wurde das *Sanctuary* durch die zwei Kilometer lange *Stone Avenue* mit Avebury verbunden. Eine Fahrstraße folgt diesem prähistorischen Weg.

In unmittelbarer Nachbarschaft von Avebury liegt der *Silbury Hill*, der größte von Menschenhand geschaffene Hügel in Europa. In seiner Grundform ist der *Silbury Hill* eine Stufenpyramide, die mit Grasnarbe abgedeckt wurde. Das Bauwerk wird von Forschern auf ein Alter von fast 5000 Jahren geschätzt. Auch seine Bestimmung gibt bis zum heutigen Tag Rätsel auf. Man erzählt unter anderem, dass dort König Sil auf seinem Pferd sitzend bestattet wurde.

links:
Stonehenge/Wiltshire

rechts:
Silbury Hill/Wiltshire

Die Hügellandschaft in Südengland

links:
Wurzelwerk einer Eiche auf dem Ringwall von Avebury/Wiltshire

rechts:
Dreamcatcher (oben) und weitere Kultgegenstände (unten) sind an »Kraftbäumen« zu finden

Wenige Schritte von *Silbury Hill* entfernt befindet sich der *West Kennet Long Barrow*. Das tausend Jahre jüngere Bauwerk besteht aus fünf Grabkammern, in denen mehrere menschliche Skelette gefunden wurden. Derzeit sind die Grabkammern begehbar und werden ebenfalls zu rituellen Zwecken genutzt.

Mystische Plätze müssen nicht künstlich geschaffen werden. Wunderschöne Orte laden noch immer zu Kulthandlungen ein. Zum Beispiel eine Quelle, die in unmittelbarer Nähe des *West Kennet Long Barrow* liegt, die *Swallowhead Spring*. Oder einfach alte, markante Bäume, die mit ihrer Aura Menschen in ihren Bann ziehen.

Ins Auge fallen ebenfalls die *White Horses* – Abbildungen von Pferden, die dadurch geschaffen wurden, dass man von den Kalksteinhügeln die Grasnarbe entfernte. Diese Pferde stammen jedoch nicht aus prähistorischer Zeit. Das älteste – das *White Horse* bei Uffington – wird von Experten auf ein Alter von 2000 Jahren geschätzt. Das jüngste dieser »Denkmale« entstand als Projekt der Stadt Devizes zur Jahrtausendwende. Natürlich müssen die Kalksteinbilder regelmäßig gepflegt werden, um sie zu bewahren.

Und überall in der Landschaft verteilt sind Tumuli, kleine Grabhügel, zu finden. Im Zuge der agrarwirtschaftlichen Nutzung der Flächen wurden in der Vergangenheit viele dieser Grabstätten eingeebnet, doch die noch zahlreich erhaltenen Grabhügel verleihen der Landschaft einen mystischen Charme.

In dieser Landschaft, die mit all ihren geheimnisvollen Reizen spielt und den Betrachter magisch anzieht, fanden sich in den letzten Jahrzehnten in wachsender Zahl seltsame, rätselhafte Erscheinungen: die Kornkreise. Sie fügen sich in diese Landschaft als ein modernes Mysterium ein.

Scheinbar sind die Kornkreise nicht mit den Gesetzen der Naturwissenschaft zu erklären. Ein sichtbares Phänomen, das die Phantasie der Menschen beflügelt und sie an die Grenzen des Vorstellbaren bringt. Vor dem Hintergrund dieser Landschaft mit all diesen prähistorischen Stätten, deren Bestimmung und einstige Nutzung uns nach wie vor weitgehend unbekannt ist, fällt es schwer, die Kornkreise einfach nur als Kunstwerke von Landschaftskünstlern zu sehen. Sie werden als Zeugnisse übernatürlicher Kräfte betrachtet und erhalten erst dadurch ihre geheimnisvolle Aura.

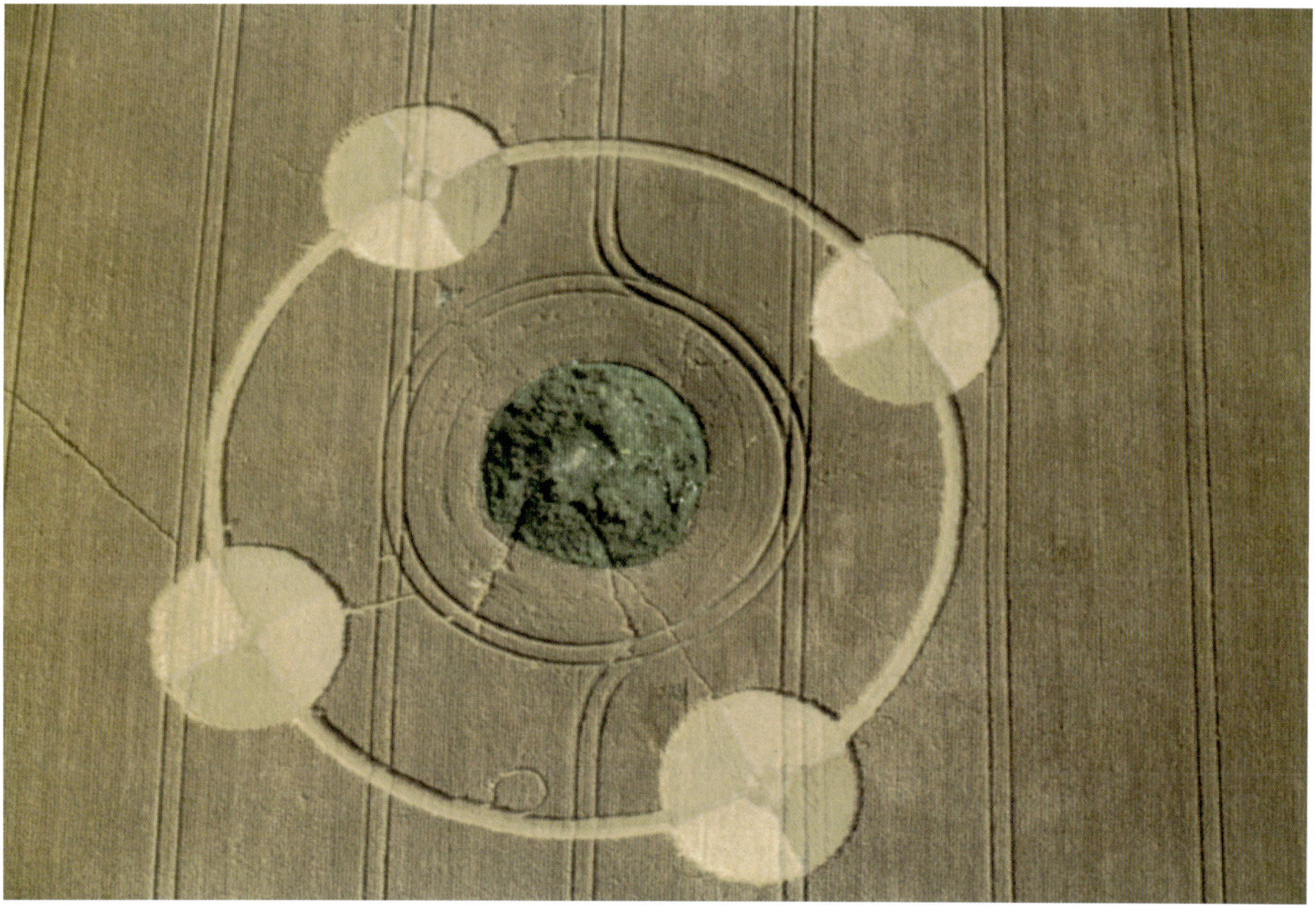

links:
Das White Horse bei
Alton Barnes/Wiltshire

rechts:
Ein Tumulus als Zentrum
einer Kornkreisformation

Die Insel Avalon

links:
Der Glastonbury Tor/ Somerset, ein Kegelberg, der mit dem Turm der Kirche St. Michael (14. Jh.) gekrönt ist; hier soll Joseph von Arimathia der Überlieferung zufolge den Heiligen Gral vergraben haben

rechts: Impressionen aus der Einkaufsstraße in Glastonbury/Somerset

Ein Reiseziel der besonderen Art ist Glastonbury, ein Ort, der durch seine esoterische Prägung auffällt. Die Haupteinkaufsstraße wird gesäumt von Geschäften, die Pendel, Kristalle, Räucherstäbchen und andere Utensilien für den esoterisch orientierten Konsumenten bereithalten. Zahlreiche Esoterik-Buchhandlungen vervollständigen das reichhaltige Angebot.

Im 4. Jahrhundert befand sich in Glastonbury ein keltisches Kloster. In den folgenden Jahrhunderten entwickelte sich der Ort zu einem bedeutenden religiösen Zentrum. Nach der Aufhebung der Klöster im Jahr 1530 verfiel die Stadt. Legenden berichten, dass die erste christliche Kirche dieser Stadt im ersten Jahrhundert n. Chr. von Joseph von Arimathia gegründet wurde. Überragt wird die kleine Ansiedlung in der Grafschaft Somerset von dem *Glastonbury Tor*, einem Hügel mit einem Kirchturm, aufgrund dessen Glastonbury als *Insel Avalon* – ein Ort aus der Artussage – bezeichnet wird.

So ist es wenig verwunderlich, dass in Glastonbury alljährlich im Juli oder August eine internationale Kornkreiskonferenz stattfindet, das so genannte *Glastonbury Symposium*. Für jeweils drei Tage treffen sich hier Kornkreisforscher und Kornkreisinteressierte aus verschiedenen Ländern zu Vorträgen und zum Meinungs- und Erfahrungsaustausch.

Kornkreis-Landschaften in Deutschland

Die hiesigen Kornkreis-Zentren haben eine ähnliche landschaftliche Prägung wie die südenglischen Grafschaften. Selbstverständlich sind auch hier geeignete Felder vorhanden. Nahezu alle der deutschen Kornkreissichtungen stammen aus Regionen, die von Hügelland mit weitläufigen Ackerflächen geprägt sind. Welches Wesen würde einen Kornkreis auch in ein Feld legen, das von keinem Punkt in der Umgebung eingesehen werden kann?

links:
Landschaft bei Felsberg
in Nordhessen

Sind die Spuren im Korn erst einmal aufgetaucht und ist deren Untersuchung in Gang gekommen, finden sich auch vorgeschichtliche Gräber und Grabhügel, Steine und Steinsetzungen, alte Siedlungen usw. in dem betroffenen Gebiet. Sehr schnell werden von den Kornkreisforschern Verbindungen zwischen den prähistorischen Stätten und den Kreisen im Korn hergestellt. Linien und Radien werden penibel auf Landkarten eingezeichnet – daraus ergeben sich scheinbar Hinweise darauf, dass die Kornkreise sich durch die historischen Stätten angezogen fühlen.

Mensch und Landschaft

In unserer Gesellschaft, die bestimmt ist durch Leistungsdruck, Zeitmangel und Hektik, haben viele Menschen den Bezug zu ihrer Umwelt verloren. Selbst Urlaube enden oft im Zwang zur Erholung: rund um die Uhr Animation in der sterilen Hotelanlage eines Ferien-Clubs in landschaftlich wenig reizvoller Umgebung.

All dies trägt zur Entfremdung von der Natur bei. Die Möglichkeiten und die Bereitschaft, Natur mit all ihren Reizen zu erleben und zu erfahren, werden immer geringer. Dieses Vakuum vermag das ungebrochene Interesse vieler Menschen an den Kornkreisen zu einem guten Teil erklären. Diese Menschen setzen sich mit dem Phänomen auseinander und bereisen die betroffenen Gebiete. Dabei findet eine intensive Auseinandersetzung mit der Natur statt, sei es durch ausgedehnte Aufenthalte in den Feldern Südenglands, sei es während gemütlicher Nachmittage auf einer Ringwallanlage wie *Olivers Castle* oder gar einer Nachtwache auf dem *Knap Hill* bei Alton Barnes. Erlebnisse, die für viele der *Croppies* neue, bisher unbekannte Erfahrungen mit sich bringen und tief sitzende Emotionen freilegen.

Dieser Umstand verleiht den Kornkreisen im Empfinden der Betroffenen eine Bedeutung, die plausible Erklärungen für die Entstehung der Kreise ausschließt. Dafür besitzen diese magischen Orte einfach eine viel zu große Anziehungskraft.

Kornkreisforschung – eine neue Wissenschaftsdisziplin?

links:
Traktorspuren als Zugang zur einer Kornkreisformation

Von Jahr zu Jahr entstehen neue Kornkreise, und die Fragen nach den Entstehungsursachen bieten weiterhin viel Zündstoff für zum Teil erbitterte Diskussionen. Auf der einen Seite stehen die Verfechter jener Theorien, die behaupten, die Kornkreise seien außerirdischen Ursprungs bzw. das Ergebnis uns unbekannter Kräfte und Energien. Auf der anderen Seite steht eine große Gruppe von Beobachtern, die die Kornkreise als Menschenwerk betrachten.

Harte Fakten, die den einen oder den anderen Standpunkt untermauern könnten, liegen nicht vor; weder kleine grüne Männchen noch Erdbewohner wurden bislang beim Anlegen von Kornkreisen gesichtet. Diese Konfliktlinie dient der *Cereologie* – der Kornkreisforschung – als Ausgangspunkt.

Die Initiative zur Kornkreisforschung geht fast ausschließlich von den Anhängern jener These aus, die die Kornkreise als übernatürliche Phänomene begreift. Aus diesem Umstand resultiert, dass das Forschungsergebnis quasi schon vorgegeben ist. Es wird nur noch nach Beweisen gesucht, die diese Ansicht stützen. Und angesichts dieser Ausgangssituation ist es wenig verwunderlich, dass die Objektivität oft auf der Strecke bleibt.

Beobachten, Vermessen, Dokumentieren und Interpretieren

Beobachten, Vermessen, Zeichnen und Fotografieren – das sind, von Anbeginn bis heute, die wichtigsten Methoden in der Kornkreisforschung. Die oft mit sehr viel Zeitaufwand und Können angefertigten Zeichnungen zeigen die einzelnen Abmessungen der Formationen, die Halmlagerungen und eventuelle strukturelle Besonderheiten, die im Feld vorgefunden werden. Darüber hinaus werden viele subjektive Eindrücke wie Unwohlsein, empfundene Energieströme und Ähnliches dokumentiert. Hierbei wird nicht selten mit Pendel und Wüschelrute gearbeitet. Weitere außergewöhnliche Erlebnisse beim Besuch der Formation, wie z.B. Lichterscheinungen oder Anomalien bei technischen Geräten wie Videokameras, Fotoapparaten, Handys usw. werden ebenfalls mit in die Forschungsberichte aufgenommen.

Film- und Fotoanomalien

Ein Phänomen, das im Umfeld von Kornkreisen gern beobachtet wird, sind Unregelmäßigkeiten in der Funktion von Fotoapparaten und Videokameras. Es wird berichtet, dass sich Batterien entladen, Bilder trotz automatischer Scharfstellung unscharf sind und auf den Abzügen merkwürdig in sich gedrehte Streifen gesichtet werden, die während der Aufnahme nicht zu sehen waren. Derlei Berichten wird schnell Glauben geschenkt, wenn man die Bilder betrachtet, die in Kornkreisen oder in deren Umfeld aufgenommen wurden.

Fotos, die noch wenige Minuten vor dem Betreten eines Feldes gemacht wurden, sind gestochen scharf. Die Kamera funktionierte allerdings nur bis zu dem Zeitpunkt einwandfrei, in dem der Fotograf den Kornkreis betrat. Was steckt dahinter? Warum setzt die Kamera aus? Warum entladen sich die Batterien ausgerechnet in einem Kornkreis? Ist der Erdmagnetismus verantwortlich? Oder Radioaktivität? Oder eine Energielinie?

Weitaus schlüssiger erscheint die trockene Betrachtungsweise eines Fachmannes: Nach dem Prinzip der Triangulation, einem Verfahren, das der automatischen Scharfeinstellung des Bildes dient, wird ein Bildpunkt, der klar sichtbar vor einem Hintergrund steht, anvisiert. Meist ist es ein unsichtbarer Infrarotstrahl, mit dessen Hilfe der Abstand zum angepeilten Motiv gemessen wird. Der Winkel, aus dem der Strahl reflektiert wird, wird nun in den kameraeigenen Computer gespeist, der dann eine Mechanik ansteuert. Diese besteht aus winzigen Motoren, die Linsengruppen in der Optik so lange hin- und herbewegen, bis das Bild scharf auf der Filmebene abgebildet werden kann.

Ähnlich einem Blick auf das offene Meer entspricht der Blick über ein Kornfeld einer schier unendlichen Anzahl von Bildpunkten: Jede kleinste Welle, jeder Getreidehalm stellt ein potenzielles Motiv dar, auf das sich das Autofokus-System einstellen möchte. Aber keines sticht aus der Menge besonders hervor. Ergebnis: Der Motor fährt die Linsen im Objektiv hin und her und findet höchstens im Unendlichen einen scharfen Punkt, wenn nicht vorher eine Warnmeldung vom Auslösen abrät oder den Auslösevorgang – je nach Kameramodell – sogar ganz blockiert.

links:
Plasmakugeln?
Die Aufnahme zeigt Staubpartikel und Insekten, die sich im Unschärfebereich der Kamera befanden und angeblitzt wurden

Dieser Umstand erklärt viele Berichte, wonach Kameras im Kornkreis nicht auslösen, außerhalb des Feldes, bei anderen Motiven, jedoch wieder einwandfrei funktionieren. Blockiert die Kamera nicht komplett, erhält der Fotograf ein unscharfes Bild. Wartet er aber noch ab, fahren die Motoren die Optik einige Male hin und her und verbrauchen gemeinsam mit dem Infrarotstrahler, dem kleinen Computer und den beleuchteten Anzeigen kräftig Strom. Selbst eine neue Batterie ist dieser außergewöhnlich hohen Belastung nicht gewachsen. Sie erholt sich, wenn überhaupt, erst wieder nach Minuten, wenn man den Kornkreis längst wieder verlassen hat. War sie schon länger in Gebrauch, versagt sie ihren Dienst ein für alle Mal.

Interessante Effekte zeigen sich auch bei Nachtaufnahmen bzw. bei Aufnahmen mit einem Blitzlichtgerät. Ein Motiv, das sich außerhalb der Schärfenebene befindet, wird in der Regel unscharf abgebildet. So kann es passieren, dass eine zufällig angeblitzte Mücke oder ein Staubpartikel, das nahe am Objektiv vorbeifliegt, unscharf wirkt – vorausgesetzt, die Optik wurde auf ein weiter entfernt liegendes Motiv scharfgestellt. Die Unschärfe zeigt sich in einem kreisrunden Lichthof, der das Tierchen als transparente Kugel erscheinen lässt. Der faszinierende Anblick eines solchen Motivs lässt natürlich eine Reihe von Deutungen zu, die in einem ursächlichen Zusammenhang mit dem mystischen Geschehen zu stehen scheinen. Hin und wieder gerät, ähnlich den Mücken und Käfern, auch mal ein Kameragurt ins Blickfeld eines Objektivs. Die grobe textile Struktur lässt gern auf ein sich drehendes Flugobjekt schließen, das sich gerade aus dem Kornkreis erhoben hat ...

links:
Roundway bei Devizes/
Wiltshire, 1994

Nachdem die fotografierten und gezeichneten Dokumente vorliegen, werden sie systematisch ausgewertet. Dabei werden Radien, Umfänge, Durchmesser, Flächen, Abstände usw. zueinander in Relation gesetzt. Enthalten die Zeichen im Korn verschlüsselte Botschaften? Weisen die Piktogramme auf Daten und Ereignisse hin? Diese Untersuchungsmethode gibt natürlich unendlich viel Interpretationsspielraum.

Selbst die im Feld gewonnenen Vermessungsdaten können nicht als objektive Daten betrachtet werden. Denn bei einer Kornkreisvermessung erreicht man maximal eine Genauigkeit von plus/minus 20 Zentimetern. Nehmen wir als Beispiel eine Auswertung, bei der Abmessungen der Kornkreisformation als Grundlage für eine Berechnung dienen, die Hinweise auf eine bestimmte Planetenkonstellation in den Zeichen im Korn findet.

Eine solche Auswertung, bei der oft beliebig die vier Grundrechenarten angewandt, Kommastellen abgeschnitten bzw. verschoben werden, setzt eine Toleranz der Ausgangsdaten von weniger als einem Zentimeter voraus. Wie aber kann ein Ergebnis, das größere Toleranzen berücksichtigen muss, Bestand haben?

Die Interpretation von Form und Symbolik nutzt ebenfalls einen sehr großen Spielraum. So unterliegen diese Deutungen meist einem starken Einfluss des aktuellen Zeitgeschehens. Im Jahr der Sonnenfinsternis 1999 und dem damals befürchteten »Milleniums-Crash« am 31.12.1999 gaben die Kornkreise nach Aussagen einiger Forscher zahlreiche Warnungen zum bevorstehenden multiplen Weltuntergang, der uns dann letztlich doch erspart geblieben ist.

Verschiedene Formationen des Jahres 1999 im Raum Kassel sollen auch Informationen und Warnungen zu den verheerenden Erbeben in der Türkei enthalten haben. In einer Formation, die Ende Juli 2001 am Desenberg bei Warburg zu sehen war, wurden ineinander geschachtelte Quadrate ausgemacht – ein versteckter Hinweis auf den Terrorakt des 11. September 2001 in New York?

Weniger spektakulär hingegen sind beispielsweise topografische Auswertungen. Kornkreise werden gern in ihrer Lage zu prähistorischen Stätten, Steinsetzungen, Kultplätzen oder einfach markanten Punkten in der Landschaft beurteilt. Der Forscher zeichnet die Formation in einer Landkarte ein. Eine Linie vom Berg A zur Steinsetzung B gezogen, geht mitten durch den Kornkreis bei Ort C. Ein scheinbar verblüffendes Ergebnis. Doch auch diese Methode zeigt nur die Beliebigkeit der Analyseverfahren. Sollte die Linie von Berg A nach Steinsetzung B nicht passen, steht ja noch der Kultplatz D oder das Hügelgrab E als Ankerpunkt für die Linie zur Verfügung … Irgendeine Linie wird schon passen!

Eine weitere Variante der graphischen Auswertung ist die Analyse der Lage und Ausrichtung der jeweiligen Kornkreise. Deutet eine Achse der Formation auf einen der schon oben erwähnten markanten Punkte in der Landschaft? Eine Zeichnung, überzogen mit Linien und Pentagrammen, fördert so manches verblüffende Ergebnis zu Tage.

Auch die energetischen Strukturen im Kornkreis werden vermessen und untersucht. Dabei kommen Pendel, Wünschelruten, Biotensoren usw. zum Einsatz. Mit Hilfe dieser Instrumente ermitteln die Forscher Energiemuster und Energieströme der untersuchten Formationen. Geomanten, die globale Energielinien untersuchen, sehen die Kornkreise als einen Bestandteil dieses energetischen Gefüges und bezeichnen des Öfteren die Kornkreise als »Akupunktur-Punkte« unseres Planeten.

Was können und sollen uns diese Ergebnisse sagen? Von den Cereologen werden solche scheinbar signifikanten Merkmale oft als Beweis dafür gesehen, dass hier keine Menschen am Werk sein konnten. Warum eigentlich nicht?

Technisch-naturwissenschaftlich orientierte Kornkreisforschung

Jene Personen, die eine technisch oder naturwissenschaftlich orientierte Kornkreisforschung betreiben, kann man in zwei Gruppen einteilen. Auf der einen Seite sind es Laien, die hoffen, durch den Einsatz von professionellen Messinstrumenten wissenschaftlich gesicherte Fakten zu erhalten. Ihnen gegenüber steht die Gruppe der Naturwissenschaftler und Techniker, die ihre Kenntnisse und Fähigkeiten der Kornkreisforschung zur Verfügung stellen.

So haben einige Kornkreis-Enthusiasten beispielsweise einen Geigerzähler zur Messung von Radioaktivität oder ein

Gerät zur Messung von elektromagnetischen oder elektrostatischen Feldern im Reisegepäck. Oft ohne jegliches Wissen über die Messverfahren und die Bedienung der Geräte, ziehen die Laien ins Feld. Und tickt der Geigerzähler im Kornkreis, dann ist ein weiteres Mal der Beweis erbracht, dass es sich um eine *echte* Formation handelt. Denn wo sollte in einem von Menschen gemachten Kornkreis die Radioaktivität herkommen?

Und gleichzeitig ist damit erneut unter Beweis gestellt, dass selbst das nicht greifbare Phänomen Kornkreise auch wissenschaftlich fundiert untersucht werden kann. Diesen selbst ernannten Experten fehlt oft jegliches Grundlagenwissen, z.B. über die natürliche Radioaktivität in unserer Umwelt. Im nächsten Artikel wird die vorgenommene Messung dargestellt und zum wiederholten Male die angebliche Ignoranz der Naturwissenschaftler beklagt, die sich noch immer nicht mit den Kornkreisen beschäftigen wollen.

Anders verhält es sich bei den Technikern und Naturwissenschaftlern unter den Kornkreisforschern. Einige technisch versierte Personen haben eigens für ihre Forschung geniale Messeinrichtungen in den Feldern errichtet.

Fasziniert von den Spuren im Korn, getrieben von dem Wunsch, etwas Phänomenales, bisher Unbekanntes entdecken zu können, setzen sie ihr Wissen sowie viel Zeit und Geld ein, um das Geheimnis der Kreise zu lüften.

So versuchen verschiedene Personen und Gruppen mit ihren Messeinrichtungen z.B. elektrostatische und elektromagnetische Anomalien zu messen – entsprechend der Annahme, dass bei der Entstehung eines Kornkreises Energien Einfluss auf das Korn nehmen und dieses platt legen: Energien, die als Ursprung beispielsweise einen Wirbelsturm ionisierten Gases haben könnten – basierend auf der *Plasma-Vortex-Theorie* von Terence Meaden; oder Mikrowellen, ein von einem Satelliten ausgesandter Energiestrahl, ein UFO usw.

Oft verhält es sich auch so, dass die Forscher eigentlich gar nicht genau wissen, was sie messen möchten. Mit Antennen und sonstigen Detektoren werden verschiedene Zielgebiete überwacht, immer verbunden mit der Hoffnung, bei einer Kornkreisentstehung zugegen zu sein. Man hofft dann, diesen Vorgang in Form von außergewöhnlichen Messwerten, empfangen durch die installierten Apparaturen, dokumentieren zu können.

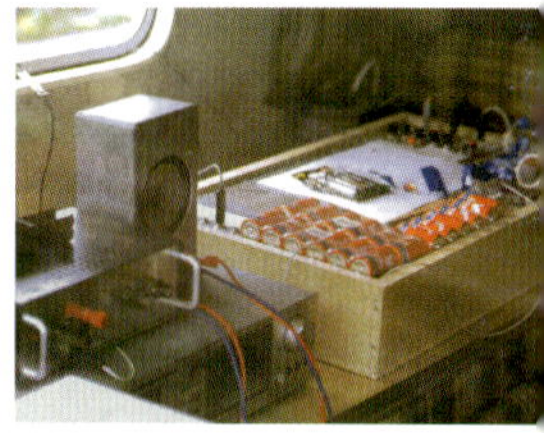

rechts:
Versuchsaufbau zur Messung elektromagnetischer und elektrostatischer Anomalien: Empfangs- und Aufzeichnungseinheit (oben) und Antenne (unten)

links:
Bei Silbury Hill/ Wiltshire, 1998

rechts oben:
Kornkreis-Besucher auf dem Weg ins Feld

rechts unten:
Die Leiter verschafft einen guten Überblick und bietet interessante Fotoperspektiven

Nach der Auswertung ihrer gesammelten Daten kommen die Naturwissenschaftler meist zu dem Ergebnis, nichts Außergewöhnliches festgestellt und gemessen zu haben. Doch dann sehen sie sich oft dem Vorwurf der anderen Forschergruppen ausgesetzt, dass man etwas wie die Kornkreise eben nicht mit naturwissenschaftlichen Methoden untersuchen könne.

Eine verbreitete Haltung vertritt die Auffassung, dass außergewöhnliche Ereignisse auch außergewöhnliche Mess- und Untersuchungsmethoden erfordern. Eine durch ein Medium gechannelte Botschaft oder das Ergebnis einer Untersuchung mit Pendel oder Wünschelrute im Kornkreis scheint diesen Menschen aussagekräftiger zu sein als die Arbeit der Schulwissenschaftler. An dieser Stelle tun sich Widersprüche auf: auf der einen Seite der Ruf nach den Naturwissenschaftlern, die das Phänomen jedoch ignorieren, dann, wenn diese doch aktiv werden, der Vorwurf, dass die Kornkreisforschung andere als die üblichen naturwissenschaftlichen Methoden erfordert.

Ein Forscher ist einem ganz besonderen Phänomen auf der Spur. Er untersucht mit aufwändiger, hoch präziser Messtechnik, ob die Zeit innerhalb von Kornkreisen anders ablaufen könnte als außerhalb der Formation. Den Anlass hierfür lieferte ein Team von Kornkreisbegeisterten, die 1996 eine Formation bei Kassel untersucht haben und dabei mit ihren Stoppuhren seltsame Erfahrungen machten.

Zwei außerhalb der Formation gleichzeitig gestartete Stoppuhren – eine in den Kornkreis eingebracht, die andere außerhalb belassen – zeigten unterschiedliche Zeitverläufe. In einem Untersuchungsbericht wurde nach der Schilderung der teilweise skurril anmutenden Experimente die Frage aufgeworfen, ob sich bei der Formation eventuell ein Riss im Raum-Zeit-Gefüge aufgetan habe. Eine Fehlbedienung der Stoppuhren wurde selbstverständlich ausgeschlossen.

Das gleiche Team führte noch weitere Experimente durch. Ein Stein von einem Kilogramm Gewicht, der auf einer mechanischen Küchenwaage im Kornkreis gewogen wurde, brachte dort 1,3 Kilogramm auf die Waage. Dass die verwendete Küchenwaage auf einem unebenen, nicht festen Untergrund wie er in einem Kornkreis zu finden ist, nicht die verbindlichen Messergebnisse zu Tage fördert wie auf einer festen, ebenen Arbeitsplatte in der Küche,

wurde außer Acht gelassen. Man wies in dem Bericht stattdessen auf die veränderte Gravitation, bedingt durch die Krümmung des Raum-Zeit-Kontinuums, hin.

links:
Untersuchungen im Zentrum eines Kornkreises

Pflanzenphysiologische Untersuchungen zählen seit langem zum Repertoire der Cereologen. Dabei gilt ein besonderes Augenmerk den Wachstumsveränderungen an den Getreidehalmen. Die umgelegten Halme richten sich auf, die Wachstumsknoten verdicken sich, Veränderungen in der Zellstruktur werden nachgewiesen (siehe auch Seite 91 ff.). Dass es sich hierbei um natürliche Prozesse handelt, die in frühen Wachstumsstadien des Getreides eintreten, wird nicht berücksichtigt.

Beobachtet und beschrieben wird der Phototropismus und Gravitropismus, das natürliche Streben der Pflanzen, weg von der Erdanziehung, hin zum Licht zu wachsen. Also nichts Außergewöhnliches. Diese Effekte sind reproduzierbar und beispielsweise auch in Windbrüchen zu beobachten. Ein amerikanisches Institut zeigte sich so großzügig, dass es 1998 Kontrollproben aus einem Windbruch untersuchte, der sich im gleichen Feld befand, wie die untersuchte Kornkreisformation. Die Biologen stellten identische Veränderungen bei beiden Proben fest.

Die Schlussfolgerung überraschte allerdings: Angeblich handelte es sich nicht um einen natürlichen pflanzenphysiologischen Vorgang, sondern die Wissenschaftler erklärten den Windbruch ebenfalls zu einem übernatürlichen Ereignis. Sie vertraten die Auffassung, dass sowohl beim Kornkreis als auch beim Windbruch Mikrowellen die Umlegung der Getreidehalme verursacht hätten.

Nachtwachen

Was liegt näher, als sich des Nachts auf die Lauer zu legen und die Felder zu überwachen. Abgesehen von den groß angelegten Nachtwachen *White Crow* und *Black Bird* gegen Ende der achtziger Jahre, sind allsommerlich die Hügel z.B. bei Alton Barnes, *dem* südenglischen Kornkreiszentrum, besetzt. Einzelpersonen und kleine Gruppen überwachen vom *Knap Hill* oder *Adams*

Die Entstehung eines Kornkreises als Video-Film?

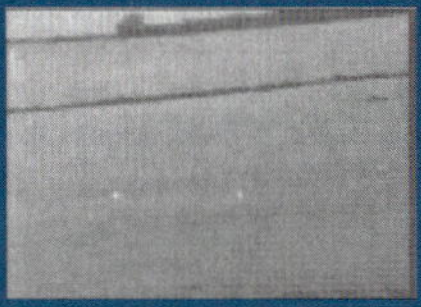
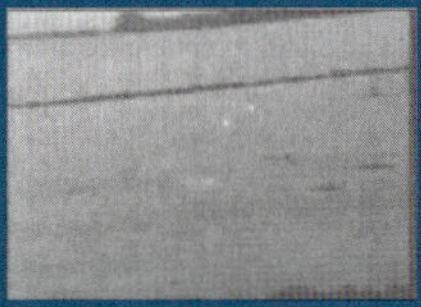

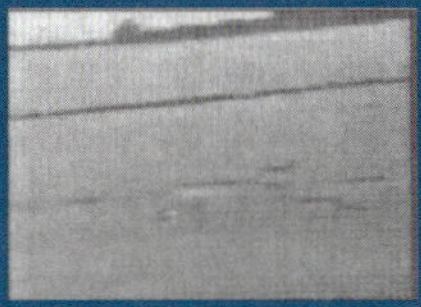

Ein bislang unbekannter, schüchterner junger Mann, der sich als Jonathan Wheyleigh vorstellte, versetzte die Kornkreisszene 1996 in helle Aufregung. Als er einen Videofilm vor begeisterten Kornkreisfans zeigte, der die Entstehung eines Kornkreises zeigte, ahnte er wohl noch nicht, welch langatmige Kontroverse er damit auslöste.

In der Nacht, so berichtete er, habe er auf der Anhöhe *Olivers Castle* gecampt, als er durch ein schrilles Trillern geweckt wurde. Er sei Zeuge einer unglaublichen Szene geworden, die er mit seiner Videokamera festhielt: Im Tal waren mehrere Lichtkugeln zu sehen, die dicht über einem Weizenfeld umherflogen. Es war deutlich zu beobachten, wie sich langsam ein Kornkreis in das Feld drückte, während die Lichtkugeln weiter im großen Bogen über das Feld schwebten. Noch nie zuvor war die Entstehung eines Kornkreises beobachtet worden! Und tatsächlich: Der Kornkreis, der einer Schneeflocke ähnelte, war wirklich am Fuß von *Olivers Castle* entstanden.

Sollte die Entstehung von Kornkreisen tatsächlich in direktem Zusammenhang mit all den Lichterscheinungen stehen, die immer wieder beobachtet und mehrfach gefilmt worden sind? Oder handelte es sich bei dem Film um das gelungene Werk eines ambitionierten Videofilmers?

Später wurde das Videoband kritisch unter die Lupe genommen. In einem professionellen Videostudio wurde der Film in Gegenwart Wheyleighs Bild für Bild analysiert. Schon bald zeigte sich, dass es sich um einen Filmtrick handelte. Auffälligkeiten in der Aufteilung der Halbbilder des Filmes ließen auf eine Video-Animation schließen. So fallen auch die Lichtverhältnisse ins Auge, die auf dem Video zu sehen sind. Sie weisen eher darauf hin, dass die Aufnahmen an einem Nachmittag gemacht wurden.

Der Umstand, dass Wheyleigh sich auffallend gut mit den Videogeräten im Studio auszukennen schien, sich weitgehend aus der Diskussion um sein Video heraushielt und unerkannt bleiben wollte, stützt die Vermutung, er habe die Kornkreis-Szene an der Nase herumführen wollen. Auch die Tatsache, dass der Videofilmer die umherfliegenden Objekte nicht mit der Kamera verfolgte und zittrig auf dem Punkt verharrte, auf dem die »Schneeflocken-Formation« erscheinen sollte, lässt auf einen gelungenen Streich schließen. Konnte er doch gar nicht ahnen, wo der Kornkreis entstehen würde!

links 1–4:
Auschnitte aus dem Olivers Castle Video

links unten:
Die Schneeflocken-Formation, deren Entstehung angeblich auf Video dokumentiert wurde

Grave aus einen kleinen Ausschnitt der Region. In ihrem Blickfeld liegt das *East Field*, eines der berühmtesten Kornkreisfelder, auf dem seit 1989 fast jährlich Formationen zu finden sind.

Wer nun glaubt, dass man sich hier still, heimlich, leise und möglichst diskret auf die Lauer legt, der irrt. Es ist meist allgemein bekannt, wo die Überwachungen erfolgen, und die Beobachter geben sich auch wenig Mühe, unentdeckt zu bleiben. Hemmungslos wird mit Taschenlampen und Blitzgeräten von Fotoapparaten herumhantiert. Es kann auch vorkommen, dass ein überwachtes Feld regelmäßig mit grellen Halogen-Suchscheinwerfern abgeleuchtet wird – kein Wunder, dass bisher weder Erdenbewohner noch Lebensformen außerirdischen Ursprungs beim Anlegen eines Kornkreises beobachtet wurden. Auch wurde noch nie eine Kornkreisentstehung observiert oder gar dokumentiert, bei der irgendwelche geheimnisvollen Kräfte oder Energien am Werke waren. Ein einziges existierendes Dokument wurde bald als Fälschung entlarvt (siehe links).

Angesprochen auf ihr sehr auffälliges Überwachungsverhalten, erklären die Kornkreisbeoachter, es gehe ihnen bei ihren Überwachungen nicht darum, menschliche Kornkreismacher bei der Arbeit zu entdecken, nein, im Gegenteil: Man möchte sie abschrecken und verscheuchen, um den *wahren* Schöpfern von Kornkreisen Platz zu bieten und diese dann beobachten zu können.

Auch in Deutschland hat die Cereologie Fuß gefasst. Im Gebiet um Kassel, wird seit zwei Jahren jährlich eine von der *Forschungsgesellschaft Kornkreise e.V.* initiierte Feldüberwachung durchgeführt. Als Beobachtungszeitpunkt legte man die Nächte vom 30. April auf den 1. Mai fest. In diesen Nächten sollen angeblich Formationen, die in den vergangenen Jahren in Rapsfeldern entdeckt worden waren, entstanden sein. Mehrere Personen, aufgeteilt auf verschiedene Beobachtungsstandorte, überwachten ein kleines Gebiet.

Auch hier haben die Beobachter keineswegs unauffällig gearbeitet. Die Nachtwache war eher ein gesellschaftliches Ereignis denn eine ernst zu nehmende Feldstudie der Kornkreisforschung. Ist es daher verblüffend, dass die erste Überwachungsaktion im Jahr 2000 auch gleich »Erfolg« hatte? In einem Rapsfeld nur wenige Meter von dem eigentlichen Überwachungsgebiet entfernt, wurde im Morgengrauen eine kleine Formation entdeckt.

UFOs über dem East Field

links:
Beckhampton/Wiltshire, 1998

rechts:
Bilder aus einem Video, das die UFO-Aktion dokumentierte

In einer warmen Sommernacht des Jahres 1993 wollte ein kleines Team den Beobachtern rund um das *East Field* bei Alton Barnes ein Erlebnis der besonderen Art bieten.

Eine Flasche Helium, zwei weiße Luftballons von rund einem Meter Durchmesser und zwei so genannte »Knicklichter«, die normalerweise im Verbandkasten eines Autos oder bei Campingausrüstungen zu finden sind, um bei Dunkelheit ohne Strom die Nacht zu erhellen, zählten zur Grundausstattung. In die Ballons wurde je eines der Knicklichter eingeführt, danach das Helium eingefüllt. Die beiden hell leuchtenden »UFOs« im Kofferraum verpackt, fuhr die Gruppe schnell zum *East Field*.

Eine große Zahl nächtlicher Beobachter lauerte schon auf den Hügeln rund um Alton Barnes, ohne zu wissen, was sie in wenigen Augenblicken erleben durften. Kofferraum auf, und schwupps, ab in die Luft mit den UFOs! Herrlich weich schwebten die beiden Lichtkugeln in den dunklen Himmel, langsam getragen vom warmen Sommerwind ...

Was die aufgeregten Zeugen des Geschehens berichteten, enttäuschte die Erwartungen nicht: Unbekannte Flugobjekte wurden gesichtet! Die Lichter hatten einen geringen Abstand voneinander und schienen einen Bogen um die Gruppe gedreht zu haben. Später seien sie stehen geblieben und wurden dunkler, um schließlich in der Dunkelheit zu verschwinden. Später blitzte plötzlich ein weiteres grelles Licht am Himmel auf, wie weiter berichtet wurde. Es bewegte sich in rasender Geschwindigkeit in die Richtung, in der die beiden anderen UFOs verschwunden seien.

Das war aber noch nicht alles: Der bedeckte Himmel riss auf. Nach wenigen Sekunden war ein scharf begrenztes, kreisrundes Loch in der Wolkendecke zu sehen. Keine Spur mehr von den Sommerwinden – es herrschte Windstille! Schon sehr bald soll die Wolkendecke wieder geschlossen gewesen sein.

Interessant waren die Berichte über die Erstbegehung. Eine Personengruppe berichtete, dass im Feld, obwohl der Boden durch Regen aufgeweicht war, keinerlei Spuren zu finden waren, die auf menschliche Verursacher schließen ließen.

Eine andere Gruppe berichtete von deutlichen Schlammspuren auf den umgelegten Rapshalmen. Auf Nachfragen stellte sich heraus, dass beide Personengruppen gleichzeitig im Feld gewesen waren und die Formation im gleichen Zustand begutachtet hatten.

Das Anlegen von Kornkreisen zu Forschungszwecken

Können Menschen während einer Nacht in einem Getreidefeld überhaupt solche Kunstwerke anlegen? Für unser Dafürhalten ist dies eine der zentralen Fragen, die indes einfach beantwortet werden kann: Man lege selbst einen Kornkreis an! Schon Doug & Dave mussten 1992 ihre Fähigkeiten unter Beweis stellen. Auch andere Kornkreis-Macher haben dies schon getan, mit meist überzeugenden Ergebnissen!

1997 und 1998 wurden bei Kassel solche Experimente durchgeführt. Es ging darum, zu ergründen, ob es nachts möglich ist, eine komplexe Kornkreisformation unauffällig im Feld umzusetzen. Ein Landwirt stellte eine Agrarfläche gegen Entgelt zur Verfügung. Die am Feldrand postierten Beobachter konnten von den Aktivitäten im Inneren fast nichts wahrnehmen. Die Gruppe, die den Kreis anlegte, bestand aus Laien und brachte dennoch eine recht überzeugende Formation zu Stande. Viele Effekte, wie Halmverflechtungen, einzelne noch stehende Halme usw., die auch in der Kornkreisforschung als Echtheitsindiz angeführt werden, waren in dieser Formation zu entdecken. Auch wurde unter Beweis gestellt, dass innerhalb kürzester Zeit hunderte Quadratmeter Korn platt gelegt werden können.

Den Kornkreisforschern hat dieses Experiment ganz und gar missfallen. Ein Aufschrei ging durch ihre Reihen: Wie konnte man es wagen, dieses phantastische Phänomen zu kopieren, die echten Kornkreismacher damit täuschen zu wollen und dabei Getreide, immer-

hin ein Nahrungsmittel, zu zerstören? War den *Fälscher* überhaupt klar, welche Botschaft sie an den Kosmos aussandten, welche Auswirkungen ihr Tun und Handeln auf das Energiegefüge der Erde haben würde? Fragen, mit denen die Initiatoren des Experimentes mehr oder weniger aggressiv konfrontiert wurden.

Die Initiatoren wünschten, dass die Kornkreis-Forscher in dieser Experimentalformation Messungen vornehmen sollten, wie dies in Formationen unbekannter Herkunft geschieht. Doch dazu kam es nicht. Eine deutliche Verweigerungshaltung war zu spüren. Es bestand ja die Gefahr, hier das Gleiche zu entdecken wie in *echten* Formationen.

rechts:
Verdeckte und offensichtliche Fehler in Kornkreisformationen;
oben: fehlendes Element, wohl versehentlich umgelegtes Getreide;
unten: zu weit gezogene Linie, mit einem Halbkreis kaschiert

Formen, Pfade und Fehler

Auf welche Weise können die komplexen Formen eines Kornkreises nachts in einem Getreidefeld umgesetzt werden? In dieser Frage schwingt häufig unausgesprochen das Argument mit, Menschen seien dazu nicht in der Lage. Analysiert man jedoch die oft sehr komplex wirkenden Formationen genau, lässt sich erkennen, dass sie meist auf sehr einfache Überlegungen zurückzuführen sind und für ein entsprechend ausgerüstetes und diszipliniertes Team kein Problem darstellen!

Zugegeben, bei einigen Formationen muss der aufgeschlossene, kreative Betrachter sehr lange rätseln, bis er das Grundmuster und die Reihenfolge, in der die einzelnen Elemente angelegt wurden, erkennt. Dann aber wird die Erkenntnis meist zum großen Aha-Erlebnis.

Es schleichen sich aber auch Fehler ein. Nicht selten weisen die Formationen Unregelmäßigkeiten auf. Diese werden dann entweder durch Improvisation kaschiert, das heißt, die Formation wird einfach abgewandelt. Hin und wieder kann auch mal ein zusätzlicher kleiner Kreis ein Missgeschick verdecken, oder die Ausrutscher bleiben einfach sichtbar.

Ein Team hatte 1998 bei Avebury großes Pech. Sie begannen mit der Konstruktion einer wohl sehr komplexen Formation, doch die Unterteilung des

Kreises mit Halbkreisen schlug fehl. Ergebnis war ein sehr großer, breiter Ring im Feld, in dem noch schemenhaft die Konstruktionslinien der ursprünglich geplanten Geometrie sichtbar waren.

Auch bei perfekten Formationen sind diese Konstruktionslinien zu finden. Wenn der »Teppich« aus flach gelegtem Getreide angehoben wird, kommen diese fußbreiten Hilfslinien zum Vorschein. Besitzt man als Kornkreis-Besucher eine Vorstellung davon, wie die Formation konstruiert sein muss, lassen sich diese Pfade vergleichsweise leicht finden.

Oder sollte doch das Argument eines holländischen Kornkreis-Forschers zutreffen, der behauptet, Menschen seien nicht in der Lage komplexe Kornkreise anzulegen, da man die Konstruktionslinien im Feld nicht wegradieren könne?

Kornkreise ohne Kornkreisforschung?

Bei der Beobachtung der Forschungsaktivitäten drängt sich uns immer wieder der Eindruck auf, dass es hier nicht darum geht, Strukturen zu hinterfragen und Licht ins Dunkel des Phänomens Kornkreise zu bringen, sondern ein Gerüst zu bauen, das den *Mythos Kornkreis* stützt und aufrechterhält. Und ist das nicht auch legitim, ja sogar zwingend notwendig für das Fortbestehen der Kornkreise?

Wenn man diesen Gedanken weiterführt, steht man schnell vor der Frage, ob es die Kornkreise ohne diese Art der Kornkreisforschung überhaupt gäbe oder je gegeben hätte. Steckt nicht gerade in diesen oft skurril anmutenden Szenarien die Motivation der Kornkreismacher? Was kann mehr Ansporn sein für ihre nächtlichen Aktivitäten in einem Getreidefeld als die Tatsache, dass hinterher z.B. ein Institut feststellt, starke Mikrowellenstrahlung müsse bei der Entstehung des Kreises im Spiel gewesen sein?

Oder motiviert nicht die Frage im Vorfeld, welche Interpretationen eine mehr oder weniger zufällig, einfach nach ästhetischen Gesichtspunkten ins Feld gepresste Geometrie hervorruft?

Bereits Anfang der neunziger Jahre veröffentlichte die *Evangelische Zentralstelle für Weltanschauungsfragen (EZW)* in einer Stellungnahme (erschienen im Materialdienst der EZW 11/91) ihre Haltung gegenüber der Kornkreis-Szene. Wir möchten unseren Lesern diese kritische Stimme nicht vorenthalten. Wenngleich die Frage, weshalb Menschen sich in dieser Weise auf Sinnsuche begeben, unbeantwortet bleibt, so vermittelt der Artikel doch einen Eindruck von der Außenwirkung der Kornkreis-Jünger:

Kreise im Weizen

Seit Jahren erhält die EZW immer wieder einmal Anfragen, was von den geheimnisvollen »Kornkreisen« in England zu halten sei. Seit Jahren lautete die lapidare Antwort, dass man darüber nichts wisse, aber dass bei solchen Phänomenen prinzipiell zuerst an menschliche Manipulation (weniger vornehm: Schwindel) zu denken sei. Diese Antwort rief das Kopfschütteln der Esoteriker hervor, die wieder einmal die Unfähigkeit der Kirche bestätigt fanden, spirituelle Phänomene zu erkennen. Sie rief auch das Unbehagen mancher christlicher Fundamentalisten hervor, die überzeugt waren, es handele sich bei den Kornkreisen um die Manifestation dämonischer Mächte.

Nun wissen wir alle mehr, dank der englischen Boulevardzeitschrift »Today«, die zwei leidenschaftliche Kornkreis-Produzenten präsentierte: *Doug Bower* und *David Chorley*, auf die angeblich viele der geheimnisvollen Zeichen zurückgehen. Sie fertigten in Sevenoaks (bei London) ein Kornkreiszeichen an, das von dem Experten, Heiler und Bestseller-Autor *Pat Delgado* als »eindeutig nicht von menschlicher Hand« eingestuft wurde (dpa-Meldung). Der Schreck war groß und umso peinlicher, als erst Anfang September 1991 in Glastonbury (Westengland) eine Tagung der Kornkreis-Experten stattfand, bei der es von esoterischen und ufologischen Erklärungen nur so wimmelte.

Offenbar regen die Bedrohungen unserer Zeit die menschliche Phantasie dazu an, besonders als »unerklärlich« ausgegebenen Phänomenen eine hilfreich erscheinende Deutung zu geben. So ist es vielleicht zu verstehen, wie man in diesen »kosmischen Hieroglyphen« im Weizenfeld eine hilfreiche Warnung der Hopi-Indianer, unsere Erde sei in Gefahr, oder einen Kommunikationsversuch von »Parallelwelten« erkennen konnte – bis hin zu Erwartungen von der Art, dass die »Kornkreisenergie« Migräne zu heilen vermöge.

Auch als Spukphänomene von »Zeitreisenden aus der Frühgeschichte« hat man die Getreidewirbel zu deuten versucht (*Esotera* 9/91). Modernem »Bildungsaberglauben« sind scheinbar keine Grenzen gesetzt. »Warum natürliche Ursachen suchen, wenn man auch Wunder annehmen kann?«, scheint die Devise der New-Age-Bewegung zu sein.

Und so wurde auch das 1991 erschienene Buch *Die Kreise im Korn* (Hg. Ralph Noyes) von einer bekannten westdeutschen Versandbuchhandlung der Kundschaft in einem Ton vorgestellt, als ob es eine seriöse wissenschaftliche Diskussion darüber gebe, ob die in Getreidefeldern gesichteten Abdrücke (allein 1990 sollen es über 1000 gewesen sein) »ökologische Warnzeichen einer höheren Intelligenz sind, sich als erdenenergetische Kraftfelder naturwissenschaftlich erklären lassen oder auf UFO-Landungen zurückzuführen sind«! Der Glaube an »Heilbringer« aus dem Kosmos oder aus fremden Kulturen hat Konjunktur, und ohne diese Hintergründe würden die »Kreise im Kornfeld« wohl kaum für die entstandene Aufregung sorgen.

Übrigens haben *Bower* und *Chorley* sicher nicht alle großen Kornzeichen (etwa 40 pro Jahr) auf dem Gewissen; es gab Nachahmer genug – unter anderem die fröhlichen Kieler Studenten, die auf Stelzen in ein schleswig-holsteinisches Weizenfeld gingen und die Kreise durch das Rollen von Balken erzeugten.

Die Tretspuren im Weizen, später durch den lästigen Besucherrummel noch vermehrt, waren für den Eigentümer des Feldes der ärgerliche Beweis, dass hier tatsächlich ein »UFO«: ein *Unerwünschtes Fuß-Objekt* im Spiel gewesen sein musste!

Trotzdem waren New-Age-Anhänger fest vom »Wozu« der Kreise im Weizen überzeugt: »Mutter Erde will mit uns reden« und produziert deshalb die Kreise. Eine Gruppe *Die Erde heilen* um Ilse Rendtorff aus Kiel versuchte deshalb auch, wie die *Kieler Nachrichten* meldeten, mit »Mutter Erde« Kontakt

aufzunehmen und hielt im Kreis ein »Ritual« ab, bei dem »Devas« begrüßt, gekeimte Linsen geopfert und eine Kerze entzündet wurde.

Der Aufwand mit Stelzen und Balken scheint in England noch nicht einmal nötig zu sein. Die Yuppie-Illustrierte *Tempo* berichtet von eigenen Kornkreis-Experimenten, bei denen es gelungen sei, authentische Kreise ohne Hilfsmittel außer einer Zirkelschnur und einer gewissen Disziplin in den Weizen zu treten. Der Winterweizen (nur dort finden sich Kornkreise) lässt sich umtreten, ohne zu brechen, und der harte, südenglische Kalkboden nimmt zwischen den Saatreihen keine Fußabdrücke an (9.9.91).

Was wohl die vielen New-Age-Anhänger sagen werden, die nach England pilgerten, um an der Energiekonzentration auf den »Kraftplätzen« im Weizen teil zu haben? Die Journalisten von *Tempo* halten nicht viel von der Lernfähigkeit der esoterischen Szene: »Wahrscheinlich könnte man selbst auf einem paar alten Socken eine Religion gründen.« Man kann es tun, liebe *Tempo*-Redaktion, aber man tut nicht gut daran.

Dr. Hansjörg Hemminger,
Pfarrer Dr. Hans-Jürgen Ruppert

Wachstumsveränderungen bei Pflanzen in Kornkreisen

Eine Richtung der Kornkreisforschung widmet sich der Untersuchung von Wachstumsanomalien, um daraus Rückschlüsse auf die Entstehungsursachen der Kornkreise zu gewinnen. Dabei werden insbesondere sich wieder aufrichtende Getreidehalme sowie verdickte Halmknoten analysiert. Die betreffenden Forscher spekulieren z.B. über die Einflüsse von Mikrowellenstrahlung und die Auswirkungen von Energiefeldern. Was steckt hinter diesen Hypothesen?

links:
Im Januar, rund fünf Monate nach der Ernte, keimt das Getreide, das von Besuchern des Kornkreises während des vergangenen Sommers aus den Ähren getreten wurde

rechts:
Ein typischer Halm, wie er aus einem Kornkreis entnommen wurde; der zweite und dritte Halmknoten wächst so, dass sich die Pflanze wieder senkrecht aufrichtet und reifen kann

Gravitropismus und Phototropismus

Wird eine Pflanze aus ihrer normalen Wachstumshaltung heraus umgelegt, löst dies einen Schwerkraftreiz aus, der mit verschiedenen Botenstoffen in differenzielles Wachstum umgesetzt wird. Bei Gräsern wächst an noch nicht völlig ausgereiften Halmknoten die Unterseite rascher als die Oberseite, der Halm richtet sich innerhalb von 48 - 72 Stunden wieder auf. Dieses Verhalten von Pflanzen ist im Prinzip seit dem 19. Jahrhundert beschrieben und wissenschaftlich untersucht worden, inzwischen wurden viele der beteiligten Komponenten bei der Signalerkennung, der Übermittlung und der physiologischen Reaktion der Pflanze auf den Schwerkraftreiz charakterisiert.

Bei Gräsern wird der Schwerkraftreiz im *Pulvinus*, einem Gewebe an der Basis der Blattscheide mit teilungsfähigen und unvollständig differenzierten Zellen, in der Nähe der Halmknoten aufgenommen und dort auch in Wachstum umgesetzt. Nach dem Umlegen des Halms wachsen hier die Zellen an der Unterseite durch eine irreversible Zellstreckung, ohne Beteiligung von Zellteilung, daher kann dieser Stimulus auch gut in mikroskopischen Schnitten verfolgt werden.

In höheren Pflanzen wird der Schwerkraftreiz über den Druck wahrgenommen, den *Amyloplasten* innerhalb der Pflanzenzelle auf die unten liegende Zellmembran ausüben. *Amyloplasten* sind stärkehaltige Organellen von höherer Dichte als die umgebende Zellflüssigkeit (*Zytoplasma*), die bereits 15 Sekunden nach Umlegen der Pflanze zu sedimentieren beginnen. Dieser Vorgang, und damit die Reizwahrnehmung durch die Pflanze, ist nach etwa zwei Minuten abgeschlossen. Die Umsetzung des Schwerkraftreizes aus der *Amyloplasten*-Verlagerung in ein physiologisches Signal ist noch nicht vollständig geklärt. Nach der Umlegung wurde auf der Unterseite des Gras-Pulvinus eine erhöhte enzymatische Aktivität für die Synthese von Phospatidy-Inositol-4,5-Bishosphat festgestellt, das nach einer weiteren chemischen Modifikation Calcium-Ionen freisetzt.

Calcium-Gradienten sind vielfach bei der Umsetzung von Pflanzenhormonen in physiologische Reaktionen der Pflanze beteiligt. Das Wuchshormon *Auxin* ist ebenfalls an der Signalübertragung beteiligt, vermutlich sogar direkter an der Zellstreckung des unten liegenden Gewebes. Der genaue Mechanismus ist jedoch noch unklar, es ist entweder ein *Auxin*-Gradient oder aber eine veränderte Empfindlichkeit von *Auxin*-Rezeptoren denkbar. Es konnte jedoch bereits die Aktivierung verschiedener *Auxin*-regulierter Gene nach einem Schwerkraftreiz festgestellt werden. Ursache und Wirkung (löst das Hormon das Streckungswachstum aus, oder wird es dafür gebraucht?) sind jedoch nur schwer auseinander zu halten.

Unter Feldbedingungen tritt bei der Aufrichtung von Halmen neben dem beschriebenen *Gravitropismus* (Wachstum der Pflanze in Ausrichtung zur Schwerkraft) gleichzeitig auch *Phototropismus* auf, das heißt, die Pflanze wächst zum Licht hin. Die Reaktion der Pflanze auf dieses Signal ist dem oben beschriebenen Schema ähnlich: Die Pflanze richtet sich durch differenzielles Wachstum zum Licht hin aus.

Resümee

Die in der Kornkreisliteratur beschrieben Wachstumsveränderungen und Veränderungen in den Zellstrukturen lassen sich mit den genannten pflanzenphysiologischen Eigenschaften erklären. Zudem sind die Effekte durch mechanisches Umlegen von Getreide reproduzierbar. Als Indiz für eine uns unbekannte Kraft oder Energie, die bei der Kornkreisentstehung beteiligt sein soll, können die vorliegenden Forschungsberichte nicht gewertet werden.

Der »bent but not broken«-Mythos

rechts oben:
Die Grafik verdeutlicht, wie der bei jedem Halm vorhandene Wachstumsbogen im ersten Halmsegment nach dem Umlegen den Eindruck erweckt, als sei er sanft in die Horizontale gebogen worden

rechts unten:
Die Getreidehalme wachsen gebogen aus dem Ackerboden

Hinter dem Begriff *bent but not broken* – gebogen, aber nicht gebrochen – verbirgt sich einer der ältesten Kornkreis-Mythen. Damit ist gemeint, dass die Getreidehalme scheinbar in die Horizontale gebogen werden, also nicht geknickt bzw. gebrochen und somit unversehrt sind.

Untersucht man das flach gelegte Getreide eines Kornkreises, der in einem frühen Stadium des Reifeprozesses entstanden ist, in dem die Getreidehalme noch sehr »saftig« sind, entsteht tatsächlich der Eindruck, die einzelnen Halme seien um fast 90 Grad in die Horizontale gebogen. In der Tat sind sehr viele Halme unversehrt, also nicht geknickt oder gebrochen. Dieser Umstand wird seit Anbeginn der Kornkreisforschung als ein Indiz dafür gesehen, dass hier nicht Menschen am Werk sein können. Welcher »Kornkreisfälscher« könnte auch die Halme um 90 Grad biegen?

Bei näherer Betrachtung fällt indes auf, dass die Getreidehalme auf einem unberührten Feld nicht senkrecht aus dem Boden wachsen, sondern mehrere Halme in einem Bogen von nahezu 90 Grad aus einem Punkt am Ackerboden herauswachsen. Wird ein solches Halmbündel in die waagrechte gedrückt – jeder kann dieses Experiment ganz einfach nachvollziehen – knicken nicht die Halme, sondern das ganze Bündel Halme winkelt sich im Wurzelbereich ab. Der Wurzelbereich ist bei der Getreidepflanze der instabilste Bereich. Der schon aus dem normalen Wachstum vorhandene 90-Grad-Bogen bleibt erhalten, bringt die Pflanze aber nun in die Horizontale. Aus dieser Unversehrtheit resultiert auch, dass die Pflanze weiter wachsen kann, sich wieder aufrichtet und somit merkwürdige Halmverwachsungen entstehen.

Bei einem Kornkreis, der in sehr reifem Getreide angelegt wird, tritt dieser Effekt seltener oder gar nicht auf. Der Wurzelbereich ist nicht mehr der schwächste Punkt, beim Umlegen knickt der vergleichsweise »trockene« Halm. Schenkte man jenen Berichten Glauben, die das Argument *bent but not broken* als Echtheitsindiz werten, ließe sich schlussfolgern, dass die Kornkreise zum Ende der Saison immer *unechter* würden.

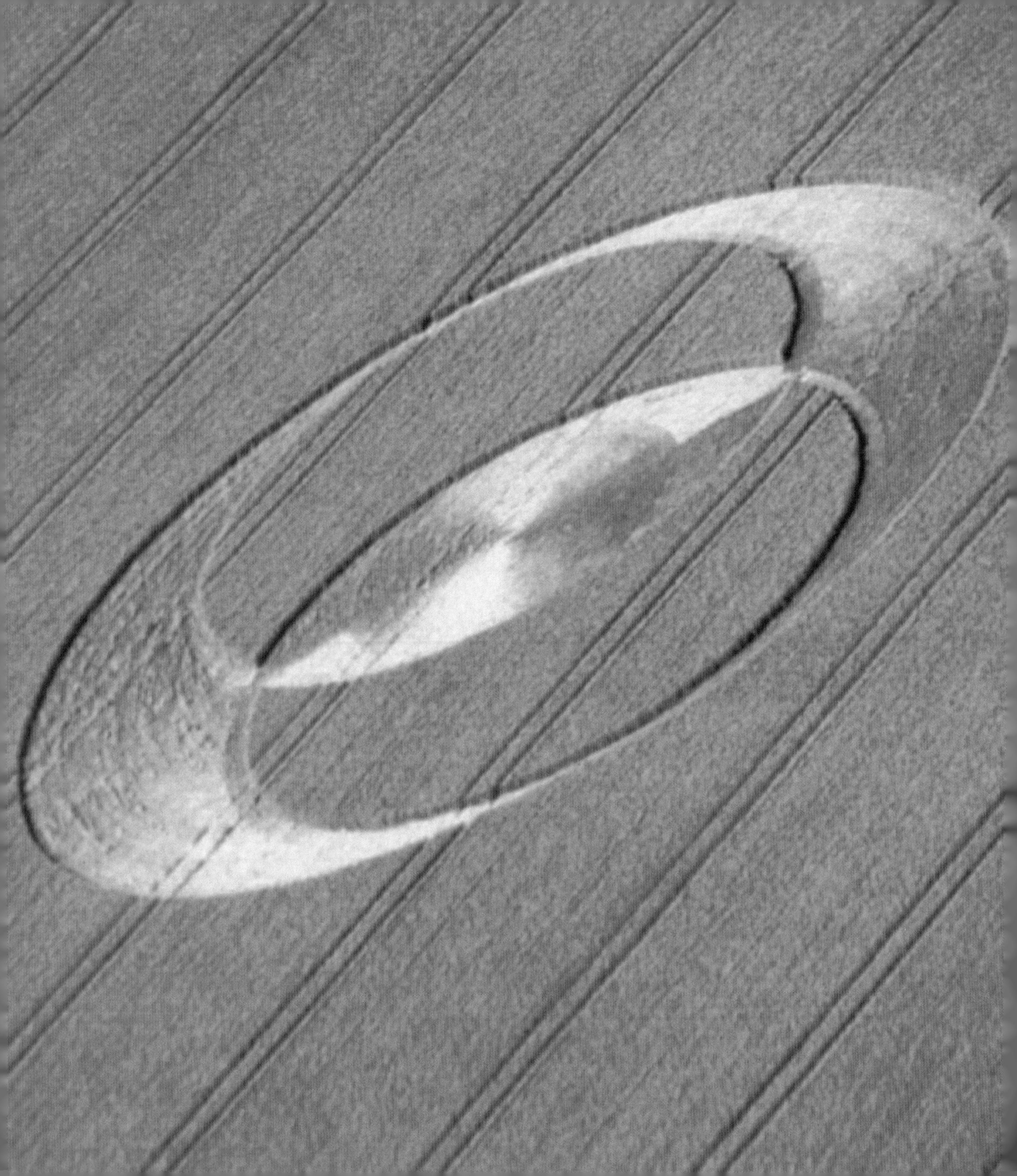

Unterwegs mit einem Kornkreis-Künstler *Alex Komander*

links:
Ashbury/Wiltshire, 1996

Ich selbst nenne mich Künstler. Das, was ich mache, ist eine Form von Landschaftskunst. Manche halten mich für verrückt, weil ich nachts durch die Felder laufe. Aber andere Leute steigen auf eine Brücke, binden sich ein Seil an den Fuß und springen runter, obwohl sie wissen, dass sie niemals unten ankommen. Und dafür zahlen sie dann auch noch horrende Summen. Und ich soll verrückt sein?

Nein, nein. Hinter der Kunst, Kornkreise zu machen, steckt mehr. Es braucht Kraft, Ausdauer, Nerven, Orientierungssinn und ein gewisses ästhetisches Gespür für Formen und Proportionen. Das Wichtigste ist nicht das Gefühl, im Mittelpunkt zu stehen – längst nicht alle Kornkreise werden gefunden – und schon gar nicht Schadenfreude oder gar Zerstörungswut. Das Schönste ist der gesamte Ablauf von der Idee bis zur Durchführung im Team; ein langer Prozess, der ein unglaubliches Glücksgefühl auslöst, wenn das Kunstwerk vollendet ist.

Vermeintliche »Forscher« glauben, dass wir Künstler Kornkreise nur anlegen, um sie zu ärgern und vom wahren Phänomen abzulenken. Doch würden wir zu Hause bleiben, gäbe es kein Phänomen, blieben die Forscher hingegen weg, würden weiterhin Kornkreise entstehen. Und der Schaden für die Landwirte? Gut gemachte Formationen sind nicht platt gewalzt, sondern bilden Kissen, die von Mähdreschern aufgenommen werden. Windbruch und Tiere sorgen für größere Schäden.

Lassen Sie sich von mir mitnehmen auf eine Entdeckungstour. Ich zeige Ihnen, wie es sich anfühlt, Kunstwerke zu schaffen, die bei ihrer Vollendung schon dem Untergang durch den heimtückisch meuchelnden Mähdrescher geweiht sind. Lassen Sie sich in ein Feld irgendwo in Deutschland entführen.

Erster Akt: die Idee

Kornkreiskünstler haben immer Saison. Im Winter wird die Ausrüstung gepflegt, spektakuläre Formationen können in Hallen »trocken« geübt werden, und neue Muster und Konzepte entstehen am Reißbrett. Die Idee zu einer neuen Formation kann auf verschiedene Weise das Licht der Welt erblicken. Der herkömmliche Weg ist die winterliche Arbeit am Schreibtisch, entweder durch das Ausprobieren, oder weil man vorher irgendwo ein Muster gesehen hat. Das kann von dem Luftbild eines Verkehrsknotens über ein Mandala bis hin zu einer Grafik aus der Chaosforschung alles sein. Wichtig ist dabei, nicht zu kompliziert zu denken.

Viele gute Muster sind mit nur zwei Längenmaßen erarbeitet. Drei und vier Meter sind dabei die Grundmaße. Durch die Vervielfältigung der Maße lässt sich jede beliebige Zahlenspielerei in geometrische Formationen umsetzen, ein Festmahl für alle Analytiker, die Längen, Bögen und Winkel zueinander in Beziehung setzen, um ihre jeweiligen Theorien zu belegen.

Unsere Geschichte könnte ungefähr so beginnen: Sie haben den festen Vorsatz gefasst, das alte Gerümpel hinter der Brombeerhecke wegzuräumen – Bretter, eine rostige Harke, den Deckel eines Farbeimers. Dabei finden Sie die beiden Betonringe, aus denen Sie schon vor Jahren eine Vogeltränke bauen wollten.

Sie schnappen sich das Gerümpel und werfen es über die Brombeeren auf den Rasen, um es nachher mit der Karre wegzufahren. Als Sie ihr Werk betrachten, haben Sie eine Eingebung: Über den Betonringen liegt ein Brett. Sofort sehen Sie ein Gerstenfeld vor sich mit zwei Kornkreisringen, die durch einen Steg miteinander verbunden sind. Gerste ist keine Notwendigkeit, sondern ein Geistesblitz, weil Sie sich gerade an einer Bierflasche festhalten. Die Harke liegt schräg an einem der beiden Ringe: Das ergibt noch einen Steg. Auch der Deckel des Farbeimers kommt ins Spiel. Der hat sich in der Harke verfangen und bildet einen Kreis am Ende des Stegs.

Zweiter Akt: die Vorarbeit

Die Aufräumaktion ist vergessen. Mit Feuereifer setzen Sie sich an Ihren Schreibtisch und versuchen, die Formation mit einem Zirkel und einem Geodreieck nachzuzeichnen. Schöner sieht es mit einem Computerprogramm aus,

aber die Arbeit mit dem Zirkel entspricht eher der Realität. Dabei wird deutlich, wie die Formation nachher im Feld liegen muss und welche Wege Sie während der Erstellung des Kunstwerkes gehen werden.

Der Zirkel wird auf drei Zentimeter eingestellt und damit der innere Ring gezeichnet. Danach vergrößern Sie den Abstand auf vier Zentimeter und zeichnen vom gleichen Mittelpunkt aus noch einen Kreis. Der Betonring, respektive der spätere Ring in der Gerste, ist fertig. Damit Sie bei der Formation den Überblick behalten, schraffieren Sie den Teil, der später einmal im Getreide niedergelegt wird. Herzlichen Glückwunsch, Sie haben schon einen vollständigen Kornkreis kreiert!

Nun zeichnen Sie einen vier Zentimeter langen Strich und setzen den Zirkel so an, dass Sie am Ende des Strichs einen Kreis mit vier Zentimeter Radius schlagen können. Jetzt werden Sie ziemlich unzufrieden sein. Als Mensch mit einem geschulten Blick für ästhetische Zusammenhänge erkennen Sie sofort, dass die Verhältnisse nicht harmonisch wirken. Sie radieren den zweiten Kreis aus und verlängern den Strich auf sechs Zentimeter. Dann wird wieder der zweite Kreis geschlagen. Schon besser. Der Strich wird um einen weiteren im Abstand von einem Zentimeter parallel ergänzt, und Sie erhalten Ihren Steg (das Brett zwischen den Betonringen). Der Steg wird schraffiert, der zweite Kreis wieder mit einem kleineren Kreis ergänzt, und wie der erste, so wird auch der nunmehr entstandene zweite Ring schraffiert.

Die Tüftelei macht richtig Spaß, wie Sie feststellen, und ruckzuck ist die Formation vollendet: zwei Ringe mit Steg, dazu ein weiterer Steg (die Harke) mit einem kleineren Kreis (dem Deckel).

Da es recht aufwändig – wenn auch nicht unmöglich – ist, die Formation allein anzufertigen, rufen Sie Ihren besten Freund an. Natürlich kann es auch eine Freundin sein. Gemischte Teams sind grundsätzlich am besten, da Männer und Frauen unterschiedlich an die künstlerische Gestaltung herangehen – glauben Sie mir, ich mache das seit Jahren. Eine grobe Verallgemeinerung behauptet, dass Frauen organische und Männer strukturierte Formen bevorzugen. Eine Wertung ist in dieser Aussage nicht enthalten, da sich die unterschiedlichen Arbeitstechniken und künstlerischen Ansätze meist wunderbar ergänzen.

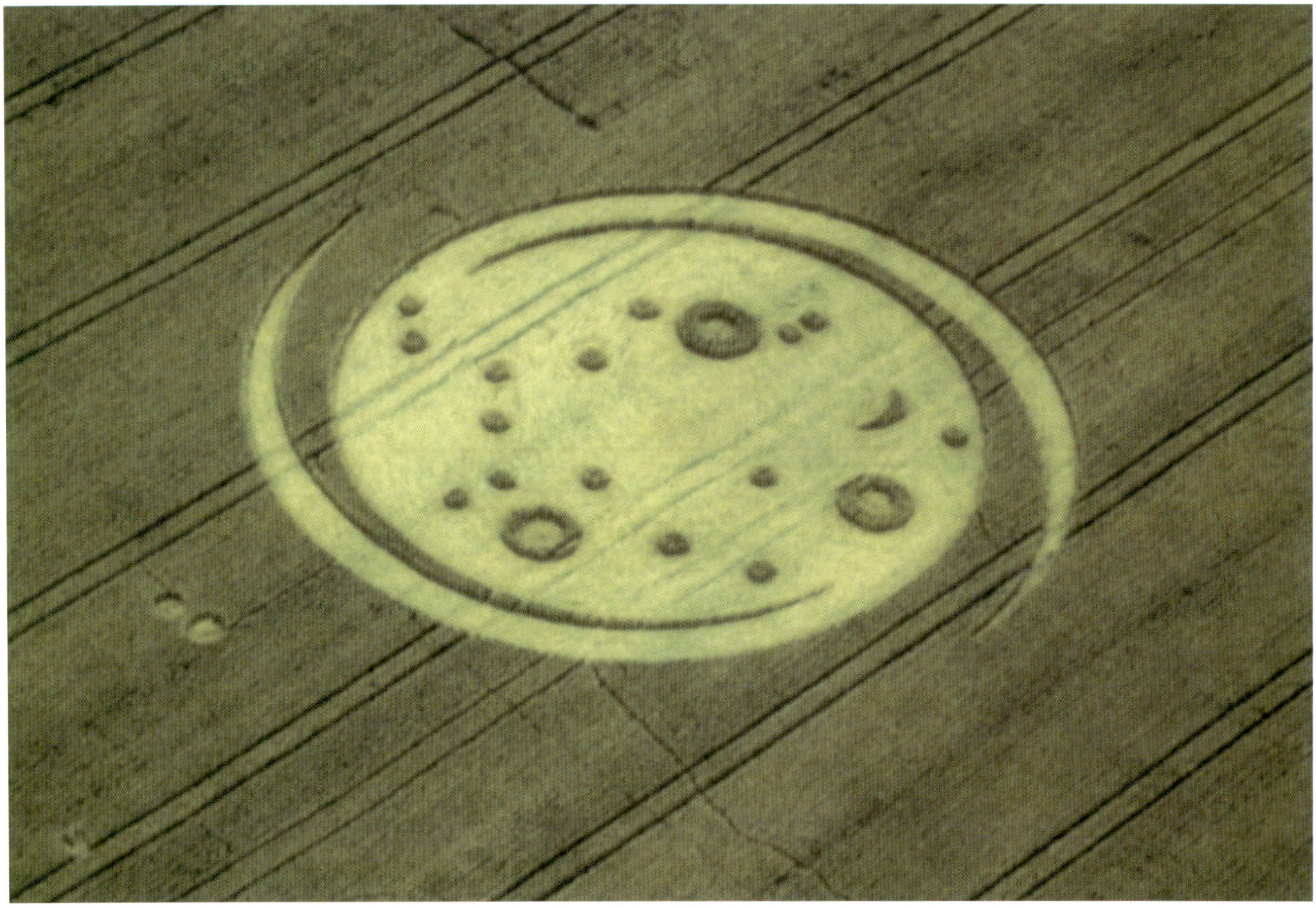

links:
East Field bei Alton Barnes/Wiltshire, 1994

Zwischen Weihnachten und Ostern haben Sie wenig für Ihr Hobby zu tun. Ständig beobachten Sie das Wetter. Ist der Winter zu kalt oder zu warm? Regnet es zu viel, schmilzt der letzte Schnee zu spät? Wie entwickeln sich die ersten Blüten, wann ist mit dem Saisonbeginn zu rechnen? Im Keller machen Sie mit ihrem Freund Inventur.

Die Utensilien sind fein säuberlich in einer Klappkiste gesammelt: das 20m-Stahlmaßband; Eisenklammern, mit denen Sie Längen auf dem Maßband markieren; Laserpointer; Kompass; Arbeitskleidung (dunkel, wetterfest). Zuletzt begutachten Sie das Kernstück Ihrer Ausrüstung, Ihr Werkzeug für den künstlerischen Ausdruck, das Gerät, das jeder Künstler benutzt und jeder Künstler anders bearbeitet: Ihr *Stomper* – der Zauberstab der Landschaftskunst.

Kornkreis-Künstler haben kein wichtigeres Gesprächsthema. Der Stomper (zu deutsch: Stampfer) ist das Herzstück der kreativen Landschaftsgestaltung: ein Brett, an dessen schmalen Seiten Seile befestigt sind, mit denen das Brett gehalten wird. Mit dem Fuß tritt man auf das Brett und drückt damit das Getreide flach. Die Seile ermöglichen eine Richtungsänderung und genaue Steuerung des Bretts.

Das System ist bei allen Künstlern gleich. Was sich in den Einzelfällen ändert, ist das Material. Je nach Arbeitsmethode und Geschmack variiert die Holzart. Das Material der Seile reicht von Wäscheleinen über Rollladengurte bis zu ausgedienten elektrischen Kabeln. Es gibt unbehandelte und lackierte Stomper, solche mit halber Breite für schmale Stege, in Tarnfarbe gestrichene oder mit Glücksbringern verzierte Geräte. Nur wenige Künstler benutzen statt der Holzbretter Aluminiumrohre. Meiner Meinung nach fehlt dem Material die Seele.

Nun ist alles für die Saison vorbereitet. Als richtiger Künstler planen Sie nicht nur genau, was Sie vorhaben und wie Sie das Kunstwerk erstellen, Sie sind auch in der Lage, zu improvisieren und spontan zu handeln. Wie jedes Jahr, so gefällt Ihnen auch diesmal Ihre erste Formation so gut, dass Sie ungeduldig werden, und kurzerhand wird die »Leinwand« gewechselt: statt ein Gerstenfeld soll Ihr Werk ein Rapsfeld zieren.

Natürlich wissen Sie, dass Raps tückisch ist und andere Ansprüche als die dankbare Gerste stellt. Die Halme sind dicker und brechen leichter, die Formation sieht durch die weitere Pflanzbreite schnell etwas ausgefranst aus, die klebrigen Blüten verhaken sich ineinander, und der Geruch betäubt geradezu. Aber Sie wollen nicht länger warten, Sie können einfach nicht länger warten. Jeden Tag machen Sie auf dem Weg zur Arbeit, einen riesen Umweg und schauen, ob Sie schon ein gelbes Feld entdecken.

Dritter Akt: die Ausführung

Endlich können Sie den Termin festlegen und entscheiden Sie sich für eine zentrale Lage. Die ungefähre Mitte Deutschlands liegt um Kassel herum und damit in einer der deutschen Kornkreishochburgen.

Da Sie die Gegend aus verschiedenen Aktionen der letzten Jahre gut kennen und dort auch andere Künstler aktiv sind, machen Sie mit Ihrem Freund eine Wochenendfahrt nach Nordhessen. Aus Kostengründen werden Sie sich wieder bei einem alten Schulfreund einmieten, der nur 50 Kilometer von Ihrem geplanten Ziel entfernt wohnt.

Natürlich haben Sie sich ein Gebiet für Ihre Aktion ausgesucht, das Sie durch frühere Kunstwerke schon kennen, um sich leichter orientieren zu können. Aber Sie vergewissern sich vor Ort noch einmal, ob es Fluchtwege gibt. Sie wählen einen günstigen Platz, wo der Fahrer Sie absetzen soll, wo er wartet und wo er Sie am besten auch wieder aufsammelt. Sie besprechen, wer für welche Teile verantwortlich ist und in welcher Reihenfolge Sie arbeiten. Es werden bestimmte Kleidungsstücke als Arbeitskleidung getragen, und jede Gruppe hat eigene Rituale, die je nach der Zusammensetzung des Teams variieren können.

Es ist Mitternacht, dunkel, trocken: los geht's!

Das Wetter meint es wirklich gut mit Ihnen. Der abnehmende Mond versteckt sich hinter den dichten Wolken, die Sicht ist entsprechend eingeschränkt. Die dunklen Wolken sehen aus, als könnte es noch einige Tropfen Regen geben, was eine noch schlechtere Sicht für Außenstehende verheißt; das sind geradezu ideale Bedingungen für Ihre Arbeit.

Ihr Schulfreund hat sich wie jedes Jahr breitschlagen lassen, den Part des Chauffeurs zu übernehmen. Das ist ungefährlich, vermittelt aber das Gefühl, bei einer spannenden Aktion dabei zu sein. Sie und Ihr Freund werfen sich in die Arbeitskleidung; die Handschuhe und die kleinen Utensilien sowie Getränke und ein ausgeschaltetes Handy sind in einem schwarzen Rucksack verpackt, den Stomper haben Sie unter den Arm geklemmt. Für die Formation wählen Sie Ihren kleinen Stomper von einem halben Meter Breite, Ihr Freund hat das normal große Arbeitsgerät dabei.

Schon beim Umziehen merken Sie, wie der Adrenalinspiegel steigt und der Körper auf die Anspannung reagiert. Alle Sinne scheinen besser zu funktionieren, Sie spüren das Herzklopfen, beim Gehen federn Sie seltsam in den Knien. Jede Bewegung in der Landschaft lässt Sie an ein Platzen der Aktion glauben. Sie überlegen, ob es in der Nacht irgendwelche großen Feiern gibt, so dass die Polizei verstärkt Alkoholkontrollen durchführt. Das Letzte, das Sie jetzt gebrauchen können, ist eine Verkehrskontrolle.

Die Fahrt verläuft wie immer reibungslos. Als Sie sich dem Feld nähern, sehen Sie kein anderes Fahrzeug. Ihr Schulfreund lässt den Wagen ausrollen – Bremslichter leuchten zu stark – und Sie und Ihr Freund springen aus dem Auto, Rucksack und Stomper sicher im Griff. Ihr Schulfreund rauscht davon und wird an der nächsten Autobahnraststätte auf Ihren Anruf warten. Sofort laufen Sie beide auf den Rand des Feldes zu und kauern sich hinter eine Hecke, so dass Sie von der Straße nicht gesehen werden können. Sie warten mindestens fünfzehn Minuten, bis sich die Augen an die Dunkelheit gewöhnt haben.

Von hier aus zählen Sie die Treckerspuren ab, um auf der richtigen Höhe in das Feld zu gelangen. Noch trauen Sie sich nicht in das Feld hinein, irgendetwas stört Sie auf der gegenüberliegenden Seite. Da steht doch ein Jäger! Oder ist das nur ein Reh, das wittert? Weitere fünf Minuten vergehen und nichts rührt sich. Auch nicht Ihr Gegenüber. Kann er auch nicht, es ist ja nur ein mannshoher Baumstumpf, wie Sie endlich erkennen, und Ihre Unruhe lässt etwas nach.

Endlich folgen Sie den Treckerspuren bis zur achten Querspur und bewegen sich feldaufwärts. Das Feld liegt sehr flach, Sie müssen also nicht gegen einen Hügel anarbeiten, aber die Formation wird am nächsten Tag von einer erhöht liegenden prähistorischen Stätte – einem Hügelgrab – aus zu sehen sein. Ungefähr in der Mitte der Feldlänge bleiben Sie stehen. Alle Geräte werden zusammen abgelegt, damit Sie bei einer Flucht nichts vergessen. Etwas ratlos stehen Sie jetzt in der Spur und schauen nervös nach allen Seiten. Kommt hier wirklich niemand? Aber wer läuft schon um Mitternacht durch die Felder? Sie entscheiden sich, einen weiten Schritt von der Treckerspur in den Raps zu gehen, möglichst ohne etwas zu zerstören und ziehen das zweite Bein nach. Hier soll Ihr erster Kreismittelpunkt sein.

Ihr Freund rollt das Maßband sechs Meter ab und wirft Ihnen das Ende zu. Sie halten es auf dem Platz stehend fest, während Ihr Freund sich die Treckerspur hochbewegt, bis das Seil gespannt ist. Jetzt läuft er am gespannten Seil um Sie herum und zirkelt so den ersten Kreis ab. Das Geräusch kommt Ihnen lauter vor als das Getöse eines Motorrads. Das muss doch jemand hören!

Sie sehen sich immer wieder um und erwarten jeden Moment, eine aufblitzende Taschenlampe zu sehen oder einen aufgebrachten Landwirt zu hören. Aber die Nervosität fällt von Ihnen ab, sobald Sie mit der Arbeit beginnen. Jetzt plagen Sie weniger die Aufregung und die schwachen Nerven als vielmehr die Sorge, mitten in der Aktion gestört zu werden. Sie halten Augen und Ohren offen, während Ihr Freund am Seil das weitläufige Gelände in Ihrem Rücken beobachtet.

Plötzlich kommt ein Lichtkegel schräg über das Feld. Erstarrt bleiben Sie stehen und wissen jetzt, wie sich ein Reh vor dem Scheinwerfer fühlt. Der Schweiß bricht Ihnen aus, das Blut rauscht in den Ohren, Sie wollen in mindestens drei Richtungen gleichzeitig laufen, was Sie an einer effektiven Flucht hindert. Doch dann merken Sie, dass etwas fehlt. Der Lichtkegel macht keine Geräusche. Vorsichtig schauen Sie direkt in die Richtung, aus der das Licht kommt und sehen gerade noch, wie in deutlich mehr als zwei Kilometer Entfernung ein Auto wieder hinter einem Hügel verschwindet.

Ihre Augen haben sich mittlerweile so weit an die Dunkelheit gewöhnt, dass Sie tatsächlich so geringe Unterschiede in der Lichtintensität wahrnehmen. Auf einmal sehen Sie die Welt mit anderen Augen. Sie sind erstaunt, wie viel ungenutztes Potenzial unsere Sinnesorgane besitzen. Denn auch der Hör- und

Geruchssinn sind nun deutlich schärfer ausgeprägt als am Tage. Der sensibilisierte Sehsinn führt natürlich dazu, dass Sie leicht zum Opfer einer optischen Täuschung werden können, wie der nächste Schreck zeigt.

Das Glühwürmchen vor Ihrer Nase halten Sie im ersten Moment für eine schwankende Taschenlampe am hinteren Feldrand. Lassen Sie sich jetzt nicht ins Bockshorn jagen, und vor allem: Denken Sie daran, dass Menschen, die noch nicht so lange im Dunkel stehen, weitaus weniger erkennen. Ansonsten fühlen Sie sich schnell wie auf dem Präsentierteller. In einer klaren Vollmondnacht würden Sie etwa die Konturen Ihres eigenen Schattens scharf sehen und könnten sowohl das Maßband als auch die Uhr ohne Hilfsmittel ablesen.

Der erste Ring ist geschafft. Die Fußspuren Ihres Freundes sind als deutliche Linie zu erkennen. Der zweite Ring in einem Abstand von zwei Metern ist schnell gelegt, schließlich sind Sie beide gut im Training.

Jetzt kommt zum ersten Mal der große Stomper zum Einsatz. Die Fläche zwischen den beiden Ringen wird mit dem Stomper niedergedrückt. Sie fangen an der Treckerspur an, setzen das Brett knapp unterhalb der Blütenköpfe an und treten es vorsichtig nach unten. Mit einem leichten Rauschen, das in Ihren Ohren wie ein lautes Krachen klingt, geht der Raps zu Boden. Sofort ist ein Quadratmeter niedergelegt, und weitere Pflanzen neigen sich. Jetzt walzen Sie nicht gnadenlos über den schon liegenden Raps, sondern machen einen großen Schritt, um den nächsten Quadratmeter zu bearbeiten. Auf diese Weise erhalten Sie Polster und kommen schnell vorwärts. Kleine Fehler – stehende Pflanzen – werden im Nachhinein behoben. Fünfzehn Minuten, und der Ring ist vollendet. Aber das Blut gerät schon in Wallung.

Raps lässt sich keineswegs mühelos bearbeiten, es erfordert doch schon einige Kraft. Zwei einzelne Halme haben Sie absichtlich stehen lassen, das macht den Kreis authentischer. Der Mittelpunkt, an dem Sie standen, wird schnell mit kurzen Handgriffen aufgearbeitet, damit er nicht mehr als Standort erkennbar ist.

Weil das Ganze so einfach war, haben Sie keine Probleme, den Steg zu legen. Wieder nimmt Ihr Freund das auf sechs Meter markierte Maßband und geht im 90-Grad-Winkel zur Tangente in den

links:
Allington Down/
Wiltshire, 1998

Raps. Den Punkt können Sie einfach mit dem Laserpointer ermitteln, indem Sie ihn vom Rand des Kreises durch den Mittelpunkt ausrichten. Ihr Freund setzt die sechs Meter dort am Kreisrand an, wo der Lichtpunkt auf ihn fällt, und bewegt sich rückwärts in das Feld hinein, immer mit dem Lichtpunkt auf der Brust. Da Sie zwölf Meter brauchen, wird die Länge des Maßbandes verdoppelt.

Geringe Abweichungen fallen hier nicht auf, doch um sicherzugehen, orientieren Sie sich, indem Sie für den Steg einen rechten Winkel zu den Treckerspuren wählen. Munter wird mit beiden Stompern der Raps niedergelegt und der Steg so binnen weniger Minuten mit einer Breite von knapp 1,50 Metern vollendet. Jetzt ist der zweite Ring dran. Noch richtig im Schwung, weil alles so gut läuft, sehen Sie sich einem unerwarteten Problem gegenüber. Sie können zwar über eine Verlängerung des Stegs den Mittelpunkt des zweiten Ringes festlegen, aber wie kommen Sie dorthin, ohne Spuren zu hinterlassen? Der Raps ist in den Blüten so verfilzt, dass eine Laufspur deutlich zu erkennen wäre.

Nach einer kurzen Diskussion entschließen Sie sich schweren Herzens, Ihr Konzept zu ändern und statt eines zweiten Ringes einen Vollkreis zu erstellen, auch wenn das mehr Arbeit bedeutet. Da Sie gut in der Zeit liegen (Sie sind jetzt eine dreiviertel Stunde im Feld), nehmen Sie die Abweichung gelassen hin. Der Mittelpunkt wird mit Maßband und Laserpointer bestimmt, der äußere Umriss wird genauso gelegt wie beim Ring, und Sie beide gehen gemeinsam mit den Stompern ans Werk.

Plötzlich raunt Ihr Freund: »Runter!«, und Sie werfen sich beide in den Raps. Wie Sie am eigenen Leib erfahren, hat es hier die letzten Tage häufiger geregnet. Da Sie vom letzten Jahr noch wissen, dass es nicht so einfach ist, Rapsblüten aus Jeans zu waschen, haben Sie die Regenhose übergezogen, wofür Sie jetzt dankbar sind. Die Jeans wären jetzt gelb und durchweicht, mit der Regenhose sind Sie wenigstens relativ trocken.

Dann hören Sie ein Auto an der angrenzenden Straße entlangfahren. Sie warten noch einen Augenblick, bis sich der Puls wieder beruhigt hat und ärgern sich über Ihr hektisches Verhalten. Schließlich wissen Sie ganz genau, dass ein Autofahrer wegen der hellen Scheinwerfer nachts nur die Straße erkennen kann – und angesichts der Fahrweise des vorbeigerauschten Autos wahrscheinlich noch nicht einmal diese richtig. Schnell wird der Kreis fertig gestellt, und Sie haben sich eine Pause verdient.

Im Kreis sitzend, lauschen Sie den Geräuschen der Nacht: Fetzen von Disko-Musik, obwohl der nächste Ort mindestens fünf Kilometer entfernt ist, das Grollen eines Hirsches, Wind der in den Bäumen rauscht, das leise Dröhnen entfernter Autos, Knacken und Rascheln im Unterholz und im Feld. Sie nehmen Gerüche auf, die Sie vorher nicht kannten. Ein Rascheln bewegt sich im Feld auf ihren Kreis zu, es muss von einem etwas größeren Tier kommen. Plötzlich Stille, und Sie schmecken den scharfen Geruch von Wild. Dann entfernt sich das Rascheln mit einem erbosten Grummeln. Ein Fuchs fühlte sich auf seiner Pirsch gestört.

Sie lassen sich auf den Rücken fallen – die Feuchtigkeit ist Ihnen mittlerweile egal – und erkennen am Himmel nicht nur Sterne, sondern können sogar die Milchstraße ausmachen. Mit einem Seufzen nehmen Sie einen tiefen Schluck aus der Thermoskanne. Sie fühlen sich eins mit der Natur, mit dem ganzen Universum. Und Sie wissen genau, dass Sie dieses Gefühl niemals auf andere Weise herauskitzeln können und garantiert bald wieder im Feld stehen werden.

Doch langsam wird es Zeit, den Kreis zu vollenden. Sie wählen den Winkel für den zweiten Steg nach Gefühl aus. Hier kommt es wirklich nicht darauf an, die geplanten 120 Grad genau einzuhalten. Im Gegensatz zum ersten Steg nehmen Sie den kleinen Stomper mit der halben Breite und entscheiden sich für eine kürzere Länge als geplant.

So kreieren Sie einen schmalen Steg von acht Metern Länge. An das Ende legen Sie den geplanten kleinen Kreis. Die jetzt entstandene Formation zaubert ein Grinsen auf Ihr Gesicht. Auf der einen Seite ist ein großer Ring, auf der anderen Seite ein kleiner Vollkreis, in der Mitte befindet sich eine Art Schnittmenge: ein großer Vollkreis. Was werden die Forscher daraus ablesen? Wo sehen sie das Zentrum, und welche Bedeutung messen sie dem Ganzen bei? Schnell packen Sie Ihre Sachen zusammen und wählen zwei unterschiedliche Treckerspuren, um den Kreis zu verlassen.

Auf dem Weg nach draußen können Sie sich nicht beherrschen und legen einen »grapeshot«, eine „Schrotkugel", wie die kleinen hinzugefügten Kreise genannt werden. Dazu Ihre Signatur, um anderen Künstlern den Hinweis zu geben, wer für die Formation verantwort-

lich ist. Für die »grapeshots« springen Sie in das Feld, drehen sich mit ausgestreckten Beinen um einen Mittelpunkt und haben so einen kleinen Vollkreis von nicht einmal einem Meter Durchmesser gelegt, der interessante Verwirbelungen aufweist.

Bei dem Versuch, Ihr Bein aus der Verwirbelung zu ziehen, bleibt Ihr Gummistiefel stecken, und Sie nehmen sich zum wiederholten Mal vor, diese Felder nur noch in wasserdichten Schnürstiefeln zu betreten. Nachdem Sie Ihren verdreckten und nassen Fuß wieder in den Stiefel gesteckt haben, nähern Sie sich vorsichtig schleichend dem Feldrand und sprinten schnell hinter die Hecke, die Ihnen schon anfangs so wirkungsvoll Deckung geboten hat.

Vierter Akt: der Abgang

Sie rufen Ihren Fahrer an und sagen ihm, er soll Sie aus Sicherheitsgründen an einem anderen Platz aufsammeln und nicht dort, wo er Sie abgesetzt hat. Sie wandern die Straße entlang, denn die Luft ist rein, und kein Auto naht. Für den Fall der Fälle könnten Sie im Straßengraben Deckung suchen. Sie rufen noch mal Ihren Fahrer an und sprechen ab, wo genau Sie warten, um abgeholt zu werden. Sie verabreden ein Lichtzeichen, mit dem sich der Fahrer zeigt, denn das Auto können Sie nicht erkennen, da Sie von den Lichtern geblendet werden.

Kurz vor dem abgesprochenen Punkt wird Ihnen noch einmal alles abverlangt. Ein Auto kommt Ihnen entgegen, und Sie werfen sich in den Graben. Natürlich holen Sie sich einen ordentlichen blauen Fleck an den Rippen, weil Sie genau auf der Kante des Stompers landen, sind aber froh, dass keine ungebetenen Vierbeiner im glücklicherweise trockenen Graben sitzen.

Schon das erste Fahrzeug, das sich der Kreuzung nähert, gibt das verabredete Zeichen. Der Wagen hält, Sie springen hinein, und ab geht die Post. Die gesamte Aktion hat keine zwei Stunden gedauert.

Sobald Sie losfahren, beschlagen die Scheiben, weil Sie stark schwitzen, und

Vierter Akt: der Abgang

links:
Tawsmead Copse/
Wiltshire, 1998

der Fahrer sieht kaum noch etwas. Das Wissen, Ihr Werk wie geplant vollendet zu haben, löst aber eine ausgelassene Heiterkeit aus. Schon im Wagen sprechen Sie über die ersten Eindrücke. Der Raps war dieses Jahr störrischer als im vergangenen Jahr. Dafür war er nicht so niedrig gespritzt und ließ sich besser bearbeiten. Die neuen Griffe am Stomper haben sich bestens bewährt. Und für die nächste Formation haben Sie auch schon eine zündende Idee. Mal sehen, was die anderen Künstler davon halten, und so weiter.

Bei Ihrem Schulfreund angekommen, erzählen Sie ihm haarklein, wie die Aktion gelaufen ist, während die verdreckte Regenkleidung schon in der Badewanne einweicht. Bis zum Morgengrauen diskutieren Sie bei einem gepflegten Rotwein, spinnen neue Pläne und wissen genau, dieser Tag war kein verlorener Tag. Zwei Tage nach Ihrer Aktion bekommen Sie über eine Mailingliste den Hinweis, dass ein neuer Kreis gefunden wurde. Und Sie können Ihre Formation jetzt auf Fotos im Internet bestaunen.

Der Kreis zum Buch

Bei der Arbeit an diesem Buch stießen wir auf ein Problem: Wir wissen zwar, dass verschiedene Gruppen in England und Deutschland nachts in den Feldern unterwegs sind, und wir kennen auch deren Techniken. Doch es stehen uns keine aussagekräftigen fotografischen Dokumente über die technischen Abläufe bei der Hervorbringung eines Kornkreises zur Verfügung.

Zudem sprechen wir immer wieder davon, dass Kornkreise von Menschen angelegt werden können und entkräften die mutmaßlichen *Echtheitsindizien* der Kornkreisforscher. Den Beweis für unsere Thesen sind wir bisher allerdings schuldig geblieben. Was also lag näher als *Der Kreis zum Buch*?

Die Kritiker werden jetzt natürlich schon entrüstet aufschreien: So eine kleine und einfache Formation – das kann doch jeder! Doch wir können mit Hilfe dieser, wenn auch einfachen Formation unter Beweis stellen, dass Qualität und bestimmte Merkmale der als *echt* eingestuften Kornkreise durchaus reproduzierbar sind.

Ein Landwirt, der mitspielte, war schnell gefunden. Im Landkreis Saarlouis stellte uns ein Bio-Landwirt eines seiner Weizenfelder zur Verfügung. Da es weder mit Pestiziden gespritzt noch gedüngt war, fanden wir auch keine Traktorspuren vor. Ein Umstand, der uns jubeln ließ! Wir konnten hier gleich noch beweisen, dass es möglich ist, solch ein Feld zu betreten und wieder zu verlassen, ohne dabei Spuren eines Aufenthaltes zu hinterlassen.

In einem Team von vier Personen schritten wir zur Tat: Bewaffnet mit einem *Stomper*, einem Nylonseil, einem Holzkreuz und einer Kameraausrüstung, ging es in der Abenddämmerung vorsichtig im Gänsemarsch zur Mitte des Feldes. Die Abstände zwischen den Saatreihen boten genügend Raum, um das Feld ohne größere Schwierigkeiten zu betreten.

Beim letzten Tageslicht legten wir den ersten Kreis mit rund 15 Metern Durchmesser an: Eine Person stand im späteren Zentrum des Kreises und hielt das Nylonseil, eine zweite Person legte die exakte Außenkontur des Kreises in Form einer dünnen Fußspur an, die dritte Person folgte sofort mit dem Stomper und legte das Getreide in konzentrischen Ringen flach. Das optische Kreiszentrum mit ein paar Halmen, die stehen blieben, lag knapp neben dem geometrischen Zentrum, da hier leichter Schaden durch die Person, die als Seil-

links:
Der Kreis zum Buch

rechts:
Details der Formation; von oben nach unten: Kreis mit spiraliger Halmlagerung, der von innen nach außen angelegt wurde; Übergang vom Kreis zum Steg; ein *grapeshot* mit stehendem Kreiszentrum; einzeln stehende Halme, die sich nach der Umlegung sofort wieder aufgerichtet haben

links und rechts:
Anlegen eines *grapeshot*

halter diente, entstanden war. Dieses erste Element der Formation war innerhalb weniger Minuten fertig gestellt, und wir konnten dort Kameras und Werkzeug deponieren und uns dann selbst in diesem Kreis aufhalten.

Schon jetzt konnten wir den ersten verblüffenden Effekt beobachten: Wir hatten eine weiche, federnde Halmlagerung erhalten. Einzelne Halme innerhalb des Kreises blieben stehen bzw. federten sofort nach dem Niederdrücken von der Horizontalen wieder zurück in die Vertikale. Wir ließen den Sonnenuntergang auf uns wirken.

Nach Einbruch der Dunkelheit ging es rasch weiter. Ein Verbindungspfad und ein zweiter Kreis waren ebenfalls sehr schnell angelegt. Beim zweiten Kreis arbeiteten wir in einer anderen Reihenfolge; wir begannen das Korn im Zentrum des Kreises platt zu drücken und arbeiteten uns nach außen, was den Effekt hat, dass eine spiralige Halmlagerung entsteht. Auch dies ist uns gelungen! Erst zum Schluss wurde die äußere Linie gezogen, um einen exakten Kreis zu erhalten. Danach legten wir die drei Ringe um den zweiten Kreis an, zum Schluss den großen Ring, der die gesamte Formation einfasste. Bei pausenlosem Einsatz aller vier Team-Mitglieder hätten wir die gesamte Formation mit einer Fläche von rund 350 m^2 in gut 15 Minuten vollenden können. Zum Ausklang folgten noch ein paar »grapeshots« – kleine Einzelkreise im Umfeld der Formation –, die frei Hand, ohne eine Kontur abzuzirkeln, angelegt werden.

Wie schon erwähnt, haben wir die Entstehung der Formation mit unseren Kameras festgehalten. Eines unserer Blitzgeräte versagte jedoch seinen Dienst. Die Akkus waren voll geladen, doch war dem Gerät im Feld kein einziger Blitz zu entlocken. Und wie sollte es anders sein: Zu Hause angekommen, funktionierte das Gerät wieder einwandfrei! *Shit happens …*

Wir geben gern zu, dass uns diese Aktion viel Spass gemacht hat, und wir freuten uns riesig, als wir zwei Tage später *unsere* Formation aus der Luft betrachteten und fotografierten. Die Begeisterung war so groß, dass wir im Nachhinein ein Video, frei nach dem Vorbild von *Olivers Castle Video* aus dem Jahr 1996, mit Hilfe von Trickfilmtechnik produzierten. Daraus ist das Daumenkino in diesem Buch entstanden. Haben Sie es schon entdeckt? Das komplette Video ist im Internet unter www.kornkreise.de/gfv.htm abrufbar.

Landart und Merchandising *Markus Schröder*

In der ersten Hälfte der neunziger Jahre erfuhr die Kornkreis-Szene bedeutsame Veränderungen. Waren die Diskussionen bislang von der Frage *echt oder falsch?* beherrscht, trat nun nach und nach ein neuer Aspekt in den Vordergrund: die ästhetische Faszination. Landart-Künstler schufen immer raffiniertere Piktogramme, die auf Grund ihrer Perfektion das Interesse der Öffentlichkeit auf sich zogen. Erstmals bot sich die Möglichkeit, das Phänomen Kornkreise Gewinn bringend zu vermarkten.

links:
Kornkreis-Besucher auf dem Weg zur Formation

Die »Fälscher der zweiten Generation«

Die englische Kornkreis-Szene hatte sich nach der Offenbarung von Doug & Dave so entzweit, dass Kreismacher tätliche Angriffe von Seiten der Forscher befürchten mussten, wie Adrian Dexter berichtet, der zu den bekannten und bekennenden so genannten »Fälschern der zweiten Generation« gehört, ebenso wie Jim Schnabel, Rob Irving oder die bekanntesten Kreismacher, die *Circlemaker* um John Lundberg, Wil Russell und Rod Dickinson.

Diese »zweite Generation« versteht sich nicht als Fälscher (hoaxer), sondern als Landschaftskünstler (landartists). Der Unterschied zwischen beiden Gruppen besteht darin, dass für die »zweite Generation« nicht die Auseinandersetzung mit den Cereologen im Mittelpunkt steht, sondern die Schaffung von Kunstwerken aus natürlichen Materialien in ihrer realen Umgebung. Das Thema Kornkreise entwickelte sich dabei als neuer Zweig einer schon lange bestehenden Kunstform.

Rod Dickinson schilderte in einem Interview seine Entwicklung zum Landschaftskünstler.[1] Gemeinsam mit einem Freund suchte er als Interessierter Kornkreise auf. Natürlich stellte auch Rod die Frage nach den Ursachen ihrer Entstehung. Sein Freund, ein Filmtechniker und zuständig für Spezialeffekte, war der Überzeugung, dass sie Menschenwerk seien. Er erklärte Rod, wie die Formation angelegt war und kündigte für die nächste Nacht einen eigenen Kreis an. Er beschrieb das Feld und die Formation, und am nächsten Tag fand sich dort tatsächlich ein Korn-

ROVER

links:
Woodborough Hill bei Alton Barnes/Wiltshire, 1997

kreis, der von den herbeigeeilten Forschern als *echt* eingestuft wurde. Die Erklärungsversuche von Rod Dickinson und seinem Freund wurden als Wichtigtuerei abgetan. Das war der Startschuss für die Gründung der *Circlemaker* – bis heute die wichtigste Vereinigung von Landschaftskünstlern im Bereich Kornkreise. Andere Künstler, wie Rob Irving, haben sich längst aus der Szene zurückgezogen, so dass sie jetzt über ihr früheres Tun berichten können, und sind wieder in ein geordnetes bürgerliches Leben zurückgekehrt.

Erst Ende der neunziger Jahre waren die Künstler von der Mehrheit der Forscher anerkannt, die nun ihrerseits die Unterscheidung zwischen »Fälschern« und »Künstlern« akzeptierten. Nur wenige Forscher werfen den *Circlemakern* noch ihren ursprünglichen Namen *Team Satan* vor und glauben, allein in diesem Namen schon einen Beweis für ihre These gefunden zu haben, wonach »richtige« Kornkreise nicht von Menschen angelegt sein können.

Ein wichtiger Grund für die Annäherung zwischen den beiden Fraktionen war der Umstand, dass die Kernfrage nun nicht mehr auf die Entstehungsursachen der Kornkreise abzielte. Vielmehr stand die Erkenntnis im Vordergrund, sich mit einem Phänomen zu beschäftigen, das Menschen verbindet und zweifellos über positive Eigenschaften verfügt, die es zu bewahren und zu pflegen gilt. Die »Fälscher der ersten Generation«, die sich als Provokateure verstanden, sind mittlerweile unbedeutend.

Landschaftskünstler und Landwirte

Mit dem Aufkommen der Landart-Künstler trat eine Gruppe ins Licht der Öffentlichkeit, die sich bisher diskret im Hintergrund gehalten hatte: die Landwirte, die ihre Ländereien zur Verfügung stellten und nunmehr ihre Vermarktungschancen erkannten.

Die Landwirte der Europäischen Union mussten in den vergangenen Jahren starke Einkommenseinbußen hinnehmen – ein Dauerthema der Agrarpolitik. Was also lag näher, als mit Hilfe der Kornkreise neue Geldquellen zu erschließen?

Welcome to the corn circle. We would welcome a donation.

Ein gut angelegter Kornkreis eines Künstlers richtet übrigens geringeren Schaden an als Windbruch, wie mir ein Landwirt bestätigte. Das hängt immer vom Reifegrad des Getreides ab. Gute Künstler »biegen« die Ähren nur, so dass sie von Mähdreschern erfasst und geerntet werden können. Finanzielle Einbußen entstehen den Landwirten also nicht.

Sollten dennoch Schäden auftreten, so sind sie vor allem durch Besucher verursacht, die das Getreide schon auf dem Weg zu der Formation niedertrampeln. Anders sieht es bei den derben Versuchen von Fälschern und Spaßvögeln aus, die die Ähren knicken – es ist nicht möglich, solcherart geschädigtes Getreide maschinell zu mähen.

Seit geraumer Zeit nun versuchen die Landwirte, sich mit dem Phänomen zu arrangieren und durch »Dienstleistungen« rund um die Kornkreise ihre Verluste auszugleichen. In einigen Fällen fielen die Einnahmen so hoch aus, dass gleich die Scheune mit renoviert und der Überschuss für wohltätige Zwecke gespendet werden konnte.

Die Landwirtin Polly Carson, die mit ihrem Mann Tim das bekannteste Kornkreisfeld besitzt, das so genannte *East Field* bei Alton Barnes, sah sich schon 1991 genötigt, ihre neue Einnahmequelle in der Zeitschrift *The Circular* zu rechtfertigen. Die Carsons haben nicht nur erstmals eine *Donation Box* am Rand des Feldes aufgestellt, sie begannen auch damit, selbst hergestellte Memorabilia zu vertreiben:

»Wir machten [1990] unsere eigenen T-Shirts, die nach kurzer Zeit vergriffen waren. [...] 1991 waren wir besser vorbereitet. Wir stellten selbst Fotoabzüge, Schlüsselringe usw. her und übersprangen so den Zwischenhändler. Den Wohnwagen haben wir außerdem schon vorab aufgestellt. Die Menschen werden das Phänomen weiterhin aus erster Hand studieren wollen, warum auch nicht? Wir reagieren nur auf die Nachfrage.«[2]

Die Frage, warum sie so sicher war, dass wieder ein Kornkreis im *East Field* auftauchen würde und warum sie exakt einen Tag vor der Entdeckung einer Formation im *East Field* ihr Kassenhäuschen – den angesprochenen Wohnwagen – dort aufgebaut hatte, wollte Mrs. Carson nicht beantworten.

Gleichwohl: Von solchen Einzelfällen auf die gesamte Landwirtschaft in Wiltshire zu schließen, wäre falsch. Es

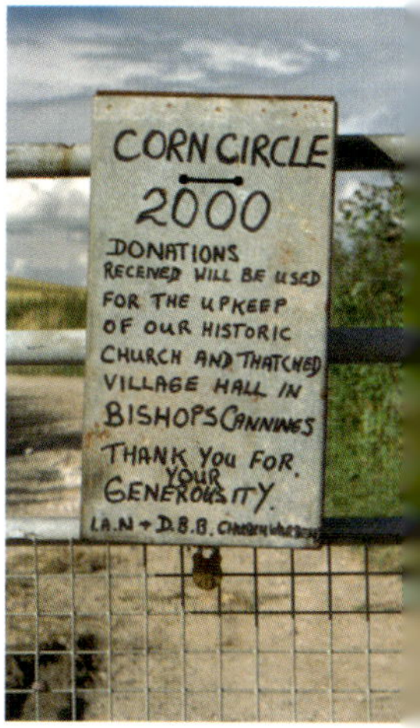

links und rechts unten:
Hinweisschilder und »Donation Boxes« fordern die Besucher auf, die Betrachtung des Kornkreises mit einem Unkostenbeitrag zu honorieren

rechts oben:
Das *Waggon & Horses*, der Szenetreff zu Beginn der neunziger Jahre

gibt nach wie vor viele Landwirte, deren Felder von den misslungenen Versuchen zweifelhafter Trittbrettfahrer verwüstet werden und die nie in den Genuss von Eintrittsgeldern kommen. An dieser Stelle möchte ich betonen, dass das Anlegen eines Kornkreises ohne Einverständnis des betroffenen Landwirts nach gängiger Rechtsauffassung den Tatbestand der Sachbeschädigung erfüllt. »Kornkreis-Fälscher«, die den Forschern nur einen Streich spielen wollen, bekennen sich in der Regel deshalb nicht zu ihrer Tat.

links:
Beckhampton/Wiltshire, 1998

Wirtschaftsfaktor Kornkreise

In den vergangenen Jahren haben sich die Kornkreise zu einem wichtigen Geschäftsfeld der Tourismusbehörde in Wiltshire entwickelt. Für die vorwiegend ländlich geprägte und strukturschwache Region in Süden Englands ist der Tourismus ein bedeutender Wirtschaftszweig.

Vor allem prähistorische Stätten wie Avebury und Stonehenge, aber auch die weltberühmten Kathedralen in Salisbury, Wells oder Winchester, die weißen Pferde (eine andere Form von Landschaftskunst) und die Stadt Bath mit ihren antiken römischen Thermen (sie zählen zum UNESCO-Weltkulturerbe) sind Publikumsmagneten, die durch die zum Teil in Sichtweite gelegenen Kornkreise noch an Anziehungskraft gewonnen haben.

Die Tourismusbehörde von Wiltshire schätzt die Bedeutung der Kornkreise für den Tourismus so hoch ein, dass in den Werbebroschüren die Kornkreise nach Stonehenge an zweiter Stelle genannt werden. Und der Prospekt für die zentrale Region Kennet zeigt nicht die historische Stadt Marlborough, die Steinkreise von Avebury oder den bei Bootfahrern sehr beliebten Kennet-Avon-Kanal auf dem Titelblatt, sondern das *Barge Inn*. Entsprechend beginnt der Prospekt mit einem Hinweis auf die Kornkreise, erst dann folgt Avebury.[3]

Auch andere Wirtschaftszweige profitieren vom Boom um die Kornkreise. Kornkreisposter, -karten, -bilder, -tassen, -schmuck, -lesezeichen, -bücher, -ratgeber und vieles andere lassen die Kassen in Wiltshire und Umgebung

links:
Detail einer Formation am Fuße des Milk Hill bei Alton Barnes/Wiltshire, 1997

rechts:
Crop Circle-Bier

klingeln. Die Devotionalien werden meist von kleinen Betrieben hergestellt und nur regional vertrieben. Einzelhändler, die diese Produkte in ihren kleinen Geschäften vertreiben, steigern damit zugleich die Umsätze der anderen Warengruppen.

Selbst Brauereien setzen auf die Kornkreis-Jünger. So produziert die *Hop Back Brewery* aus Wiltshire für die Supermarktkette *Tesco* das mehrfach preisgekrönte Bier *Crop Circle*. Und die *Wychwood Brewery* in Oxfordshire huldigt der Landart-Bewegung mit ihrem Bier *Circle Master*, das zumindest Getreide aus kontrolliert biologischem Anbau verwendet.[4]

Verkehrsdienstleister profitieren ebenfalls von den Besucherscharen: Busunternehmen veranstalten Tagestouren in die Kornkreisgebiete, und Sportpiloten bieten an, Interessierten den Blick von oben zu ermöglichen – ein zweifellos einträgliches Geschäft. Selbstverständlich achten die Piloten auch darauf, ob sie neue Kreise entdecken, die wiederum neue Kunden anziehen.

Kunst und Kommerz gehen also auch hier Hand in Hand. Beide Faktoren sind für sich allein schon Grund genug, das Phänomen Kornkreise auch weiterhin am Leben zu erhalten. Künstler, die den ästhetischen Aspekt ihrer Landschaftskunst betonen, werden auch in Zukunft faszinierende Kunstwerke hervorbringen. Und die Glücksritter, die das Phänomen Kornkreise – ganz gleich, welchen Ursprung es hat – in klingende Münze verwandeln, haben ebenfalls größtes Interesse, dass die Geschichte der Kornkreise zur unendlichen Geschichte wird.

Doch nur eine angemessene und vernünftige Zusammenarbeit von Kunst und Kommerz kann sich auf Dauer durchsetzen: indem sie dem interessierten Betrachter inspirierende Panoramen vorstellt und ihm die Möglichkeit bietet, sich auch nach der Ernte mit diesem Natur-Phänomen zu beschäftigen.

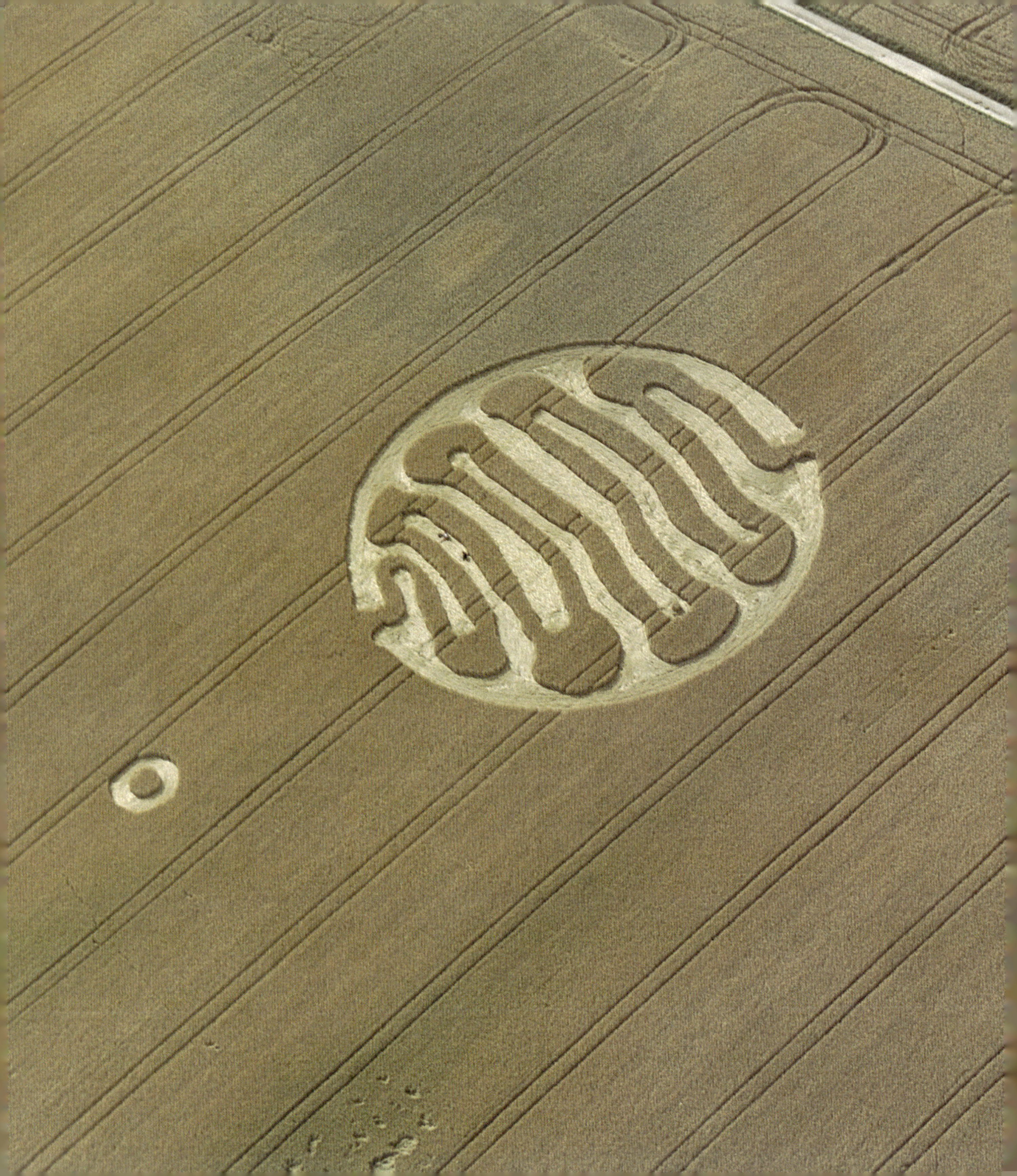

Was bleibt?

links:
Grombach bei Sinsheim/
Baden-Württemberg,
2001

Seit mehr als einem Vierteljahrhundert suchen Menschen aus den unterschiedlichsten Gründen Kornkreise auf und lassen sich von der Magie dieser Erscheinung fesseln. Im Gegensatz zu vielen anderen Phänomenen aus dem grenzwissenschaftlichen Bereich, wie z.B. UFOs, Geistererscheinungen usw. sind die Getreidemuster für jeden Menschen sichtbar und greifbar. Der Betrachter kann sie erfahren und untersuchen.

Kornkreise treten immer in den Sommermonaten auf, ihr Erscheinen ist berechenbar, Urlaubspläne können zuverlässig geschmiedet werden. Dieser Umstand verleiht dem Geschehen in und um die Getreidefelder den Charakter eines Events. Das Miteinander der Interessierten – sei es in England, Deutschland oder anderswo – besitzt oftmals einen höheren Stellenwert als der Kreis im Korn selbst, wenngleich so mancher Besucher dies nur ungern zugibt.

Es ist allerdings bemerkenswert, dass aus den gemeinsamen Erfahrungen im Umfeld der Kornkreise zahlreiche Freundschaften, ja sogar Ehen hervorgegangen sind. Die zum Teil skurrilen Geschichten rund um das Phänomen, die meist offenen und freundlichen Menschen, denen jeder im Umfeld der Kornkreise begegnen kann, lohnen einen Wochenendausflug in eines der Epizentren der Bewegung allemal. Es ist bereichernd, den phantasievollen Menschen, die sich alljährlich liebevoll auf die Suche machen, mit wachem Blick zu begegnen und mit ihnen über ihre Wünsche und Glaubensfragen fernab der großen Weltreligionen zu sprechen. Und es lohnt sich, die Augen zu öffnen für das nicht Alltägliche – den Blick zu schulen für das scheinbar unwichtige Detail am Rande.

Im Sommer des nächsten Jahres werden wieder Zehntausende in die Getreidefelder ziehen und ungeachtet aller rationalen Erklärungsmodelle ihrer Faszination am Unerklärlichen und ihrer Sehnsucht nach Spiritualität Ausdruck verleihen.

Zieht es uns Menschen nicht gerade deshalb zu den sagenumwobenen Stätten, weil wir dort unserer Phantasie freien Lauf lassen und neue Energie für den Alltag tanken können? Sicher, allzu viel Fanatismus und mangelnder Rundumsicht zu begegnen, kostet viel Kraft, wie wir immer wieder feststellen müssen. Sind es aber nicht gerade die Extreme, die beispielsweise eine Wallfahrt nach Lourdes so spannend machen? Meditieren im Kornkreis jedenfalls kann

uns einem »Gott« ebenso nahe bringen, wie das Beten eines Rosenkranzes und das Singen eines Mantras.

Die Kornkreise stehen seit Anbeginn in der Auseinandersetzung zwischen esoterisch geprägten Enthusiasten und einer Öffentlichkeit, die dem Phänomen – je nach Standpunkt – mit ungläubigem Kopfschütteln oder rationalen Erklärungsversuchen begegnet.

links:
East Field bei Alton Barnes/Wiltshire, 2001

Was bleibt, ist in jedem Fall die Spekulation über die Grenzen der eigenen Erkenntnis und ein ungewohnter Blick auf das ewige Werden und Vergehen, das die Natur uns lehrt. Wer hingegen, wie die *Ur-Hoaxer* Doug & Dave und ihre Erben, nach öffentlicher Aufmerksamkeit trachtet und damit die Aura des Geheimnisvollen durchbricht, beraubt die Kornkreise ihrer Faszination. Kornkreise *müssen* nun mal im Geheimen entstehen!

Ereignisse wie der Hollywood-Film *Signs – Zeichen*, der die rätselhaften Piktogramme ins öffentliche Bewusstsein rückt, beleben die Diskussion über den Ursprung und die Bedeutung der Kornkreise. Auch wir hoffen, mit diesem Buch Menschen für das Phänomen Kornkreise zu begeistern, Menschen, die unsere Leidenschaft teilen und der Faszination der Formen und Farben erliegen.

Nichts Neues von den Kornkreisen in Südengland ...

... und in Ostdeutschland

English for Croppies – Fachbegriffe aus der Kornkreis-Szene
Markus Schröder

links:
Waden Hill bei Avebury/
Wiltshire, 1993

Kornkreise sind ein englisches Phänomen – was liegt da näher, als das »Fachchinesisch« durch Wortneuschöpfungen oder Begrifflichkeiten der englischen Sprache zu entnehmen. Natürlich ist es möglich, das alles auch auf Deutsch auszudrücken, aber einige »Forscher« halten es mit der Devise: »Wenn du nichts zu sagen hast, sage es auf Englisch.« Damit Sie, liebe Leser, trotzdem den Überblick behalten, folgt eine Liste der gängigen Begriffe, die der Szene zwischen Avebury und Züschen geläufig sind.

abduction: Entführung; gebräuchlich für die Entführung von Menschen durch → aliens

aliens: Außerirdische; zu Beginn der Kornkreise wurden sie als Verursacher der Kornkreise vermutet

believer: Gläubige; Menschen, die davon überzeugt sind, dass Kornkreise nicht von Menschen gemacht sind

bent but not broken: gebogen, nicht gebrochen; Halme in Kornkreisen sind oft nur auf den Boden gebogen, nicht abgeknickt. Manche → believer sehen hier den Unterschied zwischen → genuine und → hoax

cattle mutilation: Viehverstümmelungen; Theorie, dass Außerirdische Tiere entführen, um ihnen lebenswichtige Körperteile zu entfernen und die Reste dann auf die Erde zu → »beamen«

Celtic Cross / Quintuplet: keltisches Kreuz; beliebte Kornkreisformation, bestehend aus einem Hauptkreis und vier Satelliten

channeling: Kontaktaufnahme, eigentlich »kanalisieren«; Medien channeln Botschaften und empfangen sie in Kornkreisen

circle: Kreis; das Zentrum des Seins

circlemaker: Kreismacher; ursprünglicher Name für → hoaxer. Später nannte sich die bekannteste Hoaxer-Gruppe so, die mittlerweile ständig in den Medien präsent ist

crop: Getreide; erstaunlicherweise bedeutet »corn« im britischen Englisch auch Getreide, im amerikanischen Englisch jedoch nur Mais, was im britischen Englisch wiederum »maize« heißt

croppie: Kornkreisenthusiast; jemand, dessen wichtigstes Hobby Kornkreise sind

cropwatch: Kornkreiswache, Feldbeobachtung; organisierte Überwachung eines Feldes, um eine Kreisentstehung zu beobachten

dowsing: Wünschelrutengehen, wissenschaftlich: Radiästhesie; der Versuch, mit Hilfe von Wünschelruten einen echten Kreis von einem falschen zu unterscheiden

dumbbell: Hantel; eine beliebte Kornkreisformation, die wie eine Hantel aussieht

links:
Gut Laar bei Zierenberg/
Hessen, 2000

fake: Nachahmung; alles was falsch und billig ist und vorgibt, echt zu sein

flow: Fluss; die Art und Weise, in der das Getreide in den Formationen niedergelegt ist

garden roller: Gartenwalze; ein Gerät, das zum Beispiel zum Walzen von Rasenflächen benutzt wird. Kreismacher nutzten sie in öffentlichen Veranstaltungen, um → believer über die Herstellung von Kornkreisen in die Irre zu führen

genuine: echt; von Menschen machbar

grapeshot: Schrotkugel; kleiner Kornkreis, der als Beigabe zu größeren Formationen gelegt wird. Oft gehören mehrere Schrotkugeln zu einer Formation

hoax: Fälschung; für → believer ein von Menschen gemachter Kornkreis

hoaxer: Fälscher; für → believer eine Person, die Kornkreise macht

honesty box: auch *donation box;* Geldkassette am Eingang des Feldes, eigentlich »Ehrlichkeitskiste«, weil die ersten Kassetten nicht bewacht waren und die Landwirte auf die Ehrlichkeit der Kreisbesucher hofften.

landart: Landschaftskunst; so nennen → hoaxer ihr Tun

leylines: Leylinien; Energielinien, die um die ganze Erde gezogen sind. An ihren Knotenpunkten finden sich vermehrt prähistorische Stätten und Kornkreise

manmade: von Menschen gemacht, handgemacht; das Ergebnis von → hoaxern

sceptics: Skeptiker; Leute, die glauben, dass Kornkreise → manmade sind, eine andere Ursache aber nicht kategorisch ausschließen

sightings: Sichtungen; hauptsächlich UFOs, Randerscheinungen von Kornkreisen

stomper: Stampfer; das Gerät, mit dem man Kornkreise anlegt

tramline: Fahrrinne, Traktorspur; der Eintritt in das Feld

underlying footpath: Konstruktionslinie, eigentlich: unterlegter Trampelpfad; Ansatzpunkt, um einen Kornkreis anzulegen

vortex: Plasmawirbel; Theorie, nach der Kornkreise durch lokale Wirbelwinde entstehen

Anmerkungen

links:
Milk Hill bei Alton Barnes/Wiltshire, 1997

zu Seite 41 – 51: Gibt es »historische« Vorbilder?

[1] Kindlers Literaturlexikon. München: dtv 1974, Band 10, S. 3951

[2] nach *Dalley, Stephanie:* Myths from Mesopotamia. Oxford University Press 1992, S. 67

[3] nach *Shoemaker, Michael T.*, in: Strange 11, S. 2

[4] *Papke, Werner:* Die geheime Botschaft des Gilgamesch. Bergisch Gladbach: Bastei Lübbe 1994, S. 334

[5] vgl. dazu *Stegemann, Hartmut:* Die Essener, Qumran, Johannes der Täufer und Jesus. Freiburg: Herder 1998 und *Betz, Otto; Riesner, Rainer:* Verschwörung um Qumran? Rastatt: Moewig 1999

[6] *Kingsley, Bob*: The Earliest Crop Circle? Zitiert nach: *Eisenman, Robert; Wise, Michael*: Jesus und die Urchristen. München: Bertelsmann 1993, S. 43

[7] *Wise, Michael; Abegg, Martin; Cook, Edward:* Die Schriftrollen von Qumran. Augsburg: Pattloch 1997, S. 444

[8] *Randles, Jenny; Hough, Peter:* Encyclopedia of the Unexplained. London: Michael O'Mara 1995, S. 29

[9] *Haselhoff, Eltjo:* Faszinierende Kornkreise. München: Beust Verlag 2001, S. 22; ähnlich *Ring, Wolfgang:* Kornkreise vor 1980. FGK-Report 3/1999, S. 14f.

[10] Das Phänomen ist auf einen besonders geformten Bergrücken zurückzuführen, der die Illusion schafft, die Sonne ginge zweimal hintereinander unter: *Kent, Jeff:* The Mysterious Double Sunset. Cotes Heath: Witan Books 2002; Northern Earth 90, 2002, S. 26

[11] *Magin, Ulrich:* The Petrified Ship in a Swiss Mine, Fortean Studies 5, 1998, S. 73-95

[12] zitiert nach *Clark, Jerome:* Unexplained! London: Visible Ink 1999, S. 151; siehe auch *Clark, Jerome:* Unerklärlich! Niedernhausen: Falken 1998, S. 111; Dutch Crop Circles 1590-1979, Homepage der *PTAH*

[13] Die biographischen Informationen zu Plot basieren auf: Enciclopedia Universal Ilustrada, Madrid: Espasa-Calpe, Vol. XLV, S. 848, 1921, und: http://es.rice.edu/humsoc/Galileo/Catalog/Files/plot.html

[14] *Millard, Anne; Dipper, Francis:* Die großen Geheimnisse der Welt. Rastatt: Moewig 1998, S. 123

[15] vgl. John Aubrey in *Briggs, Katherine:* A Dictionary of Fairies. Harmonsworth: Penguin 1979, S. 12–13

[16] www.bobkingsley.co.uk/cropcirc.html

[17] www.anomalist.com/features/cropcircles.html

[18] *Rickard, Robert:* Vom Greifen nach Strohhalmen, in: *Noyes, Ralph (Hrsg.)*: Die Kreise im Korn. München: Heyne 1991, S. 80-96 (Original: The Crop Circle Enigma. Bath: Gateway 1990, S. 90 und 92-93, 3rd Stone 35, 1999, S. 19-23)

Anmerkungen

links:
Wellingen bei Saarlouis, 2002

[19] *Rickard, Robert:* Clutching at Straws. Fortean Times 53, 1989, S. 58-69, Text S. 68

[20] http://cropcircleconnector.com/column/column.html; zitiert wird die Homepage von Mark Haywood, auf der der Bericht verbatim zu finden sein soll, dort ist aber kein Zugriff mehr möglich.

[21] Ring Ditches and Robert Plot, Antiquity 59, 1985, S. 206-209

[22] *Schnabel, Jim:* Round in Circles. London: Penguin 1993, S. 128-130

[23] *Evans, Lewis:* Witchcraft in Hertfortshire, in: *Andrews, William (Hrsg.):* Bygone. Hertfordshire 1898, S. 214-217 (zitiert nach *Skinner, Bob*: The Mowing Devil. Fortean Times 53, 1989, S. 38-39)

[24] *Winter, Heinrich:* Radmähen, in: Germanien 1940, S. 291-296, Zitate auf S. 291, 292; auf diese Quelle hat erstmals hingewiesen: *Pennick, Nigel:* The Mower's Swath. Fortean Times 54, 1990, S. 78

[25] dazu Noyes, S. 78-79

[26] Rickard in: Noyes, S. 80. Eine erste, etwas vorschnelle Interpretation des Textes findet sich auch in meinem Artikel: Der mähende Teufel. Jufof 89, 5/1993, S. 144-145

[27] *Newman, Paul:* Sociology of the Lost Soul – Ghosts during the Middle Ages.

[28] nach *Chorvinsky, Mark:* Erasmus Darwin on Cropfield Circles in 1789? Strange 6, 1990, S. 32

[29] *Mariotte, Ruth:* Elsass und Vogesen. Köln: DuMont 2000, S. 44

zu Seite 115 – 123: Landart und Merchandising

[1] *Schröder, Markus:* Kunst im Korn. Ein Gespräch mit Rod Dickinson, in: FGK-Report 1/00 (Frühjahr 2000), S. 4f.

[2] *Carson, Polly:* Why Farmers Charge, in: The Circular 4/91 (Winter 1991/92). S. 27 (Übers. d. Verf.)

[3] *Kennet District Council (Hrsg.)*: Kennet – The Heart of Wiltshire. Visitor Guide 2001; Internet: www.kennet.gov.uk

[4] Informationen erhalten Sie im Internet unter:
www.hopback.co.uk und
www.wychwood.co.uk

Danksagung

links:
Züschen bei Kassel, 2001

Wir danken Dr. Manfred Klaas, Alex Komander, Ulrich Magin und Dr. Markus Schröder für ihre Gastbeiträge sowie Action Press, George Bishop, Stefan Folz, Klaus Listmann, Oliver Schwarzkopf, Ralf Selsam, Markus Stanzel, Uwe Wenz und der SaarLB für die Unterstützung mit Informationen und Bildmaterial.

Wir danken auch Julia Baur, Jan Oesterlin und Heike Weber, die wichtige Kontakte vermittelt haben.

Richard Long danken wir für das Motto, das diesem Buch vorangestellt ist.

Ein besonderer Dank gilt dem saarländischen Landwirt, der uns eines seiner Felder zur Verfügung stellte, so dass wir das Kapitel *Der Kreis zum Buch* realisieren konnten.

Und last but not least bedanken wir uns bei Madjid Afrakhteh, Sigi Becker, Buena Vista International, Andrea Breder, Peter Bruna, Hanna und Dietrich Brunner, Prof. Dr. Matthias Brunner, Martin Gall, Hans Eckert, Frank Engel, Klaus Hoos, Jutta Christine Krammes, Stefan Lüttich, Uta Rudolf, Josef Streckel, Michael Sztenc und Anja Vocke die uns auf vielfältige Weise tatkräftig zur Seite standen, uns inspirierten und anspornten oder uns einfach nur geduldig ertrugen, während wir unserem Hobby und der Arbeit an diesem Buch nachgingen.

Florian Brunner und Harald Hoos

Die Autoren

links:
Kirchhardt bei Sinsheim/
Baden-Württemberg,
2001

Der Fotograf und Werbekaufmann **Florian Brunner**, geb. 1961, lebt in Saarbrücken und betrachtet sich als »Voyeur«, der dem Phänomen Kornkreise vor allem mit seiner Kamera begegnet. Zusammen mit seinem Co-Autor Harald Hoos präsentiert er die Lichtbildschau »Kornkreise – Rätsel in mystischer Landschaft«, aus der dieses Buch hervorgegangen ist.

Der Mediendienstleister **Harald Hoos**, geb. 1967, lebt in Landau in der Pfalz und ist ein exzellenter Kenner der internationalen Kornkreisszene. Sein Interesse gilt überwiegend dem Zusammenspiel von Betrachtern, Kornkreisen und Landschaft. Gemeinsam mit seinem Co-Autor Florian Brunner stellt er die Ergebnisse seiner Beobachtungen auf der Website *www.kornkreise.de* vor.

Der Diplom-Biologe **Dr. Manfred Klaas**, geb. 1956, lebt in Stuttgart und hat sich im Rahmen seiner Promotion mit der Entwicklungsphysiologie von Kulturpflanzen beschäftigt.

Der Kornkreiskünstler **Alex Komander** widmet sich diesem Hobby seit rund fünf Jahren. Er unterhält Kontakte zu verschiedenen Künstlergruppen in Deutschland und England, lebt in Nordrhein-Westfalen, ist Anfang dreißig und pflegt ansonsten einen bürgerlichen Lebenswandel.

Der Sprachwissenschaftler **Ulrich Magin**, geb. 1962, lebt in Rastatt und hat zahlreiche Artikel und Bücher über die historischen und soziologischen Aspekte grenzwissenschaftlicher Phänomene (UFOs, Ungeheuer, Geomantie, Prä-Astronautik, Kornkreise) verfasst.

Der Kommunikationsberater und -trainer **Dr. Markus Schröder**, geb. 1970, lebt und arbeitet in Kiel. Er beschäftigt sich seit 1990 mit Kornkreisen und war mehrere Jahre lang Pressesprecher der FGK; heute arbeitet er eng mit dem Team von *www.kornkreise.de* zusammen und ist regelmäßig in Deutschland und England vor Ort, um neue Entwicklungen aufzugreifen.

Literatur und Internetadressen

links:
Beckhampton/Wiltshire, 1998

Anderhub, Werner; Roth, Hans-Peter: Das Geheimnis der Kornkreise. Aarau: AT-Verlag 2000

Haselhoff, Eltjo: Faszinierende Kornkreise – wissenschaftliche Forschung und urbane Legendenbildung. München: Beust Verlag 2001

Müller, Andreas: Kornkreise – Geometrie, Phänomene, Forschung. Aarau: AT-Verlag 2001

Seurig, Max; Baumann, H. Werner: Himmelskreise – Zeitenkreise – Steinkreise – Kornkreise. Dresden: Hille Verlag 2000

www.kornkreise.de
Website von Florian Brunner und Harald Hoos mit umfangreicher Galerie, Informationen über aktuelle Kornkreissichtungen in Deutschland, Nachrichten aus der Kornkreisszene und Veranstaltungsterminen der multimedialen Lichtbildschau »Kornkreise – Rätsel in mystischer Landschaft«.

www.circlemakers.org
Internetseite der englischen Landart-Künstler *The Circlemakers*, die sich offen zu ihrem Tun bekennen.

www.cropcircleconnector.com
Umfangreichste Internetpräsenz zum Thema Kornkreise. Die Betreiber der Seite, Mark Fussel und Stuart Dike, informieren zeitnah über die aktuellen Geschehnisse in England. Personen aus der weltweiten Kornkreisszene liefern Bild- und Textmaterial.

www.swirlednews.com
Die Website informiert über das englische und auch weltweite Kornkreisgeschehen; sehr ansprechend und übersichtlich gestaltete Seite.

www.invisiblecircle.de
Website der *Unabhängigen Gemeinschaft zur Erforschung des Kornkreisphänomens – invisiblecircle –*; die Seite informiert mit umfangreichem Bildmaterial über das weltweite Kornkreisgeschehen und über aktuelle Sichtungen in Deutschland mit vielen Forschungsberichten und Hintergrundinformationen.

www.fgk.org
Internetpräsenz der *Forschungsgesellschaft Kornkreise e.V.* mit Informationen über eigene Aktivitäten und das Kornkreisgeschehen in Deutschland.

www.kornkreise.ch
Website der Schweizer Gruppe KORE'S mit Berichten über Kornkreise in der Schweiz und weltweit.

Die genannten Angebote stellen nur eine Auswahl dar, mit der keinerlei Wertung verbunden ist.

Bildnachweis

links:
East Field bei Alton Barnes/Wiltshire, 1997

Action Press: 23

George Bishop: 25

Florian Brunner: 20, 30, 57 Mitte, 58, 59, 60, 61 oben, 62, 64, 65 oben, 90, 91, 110, 111 zweites von oben, 112, 113, 123,

Stefan Folz: 71

Harald Hoos: 2, 6, 15, 16, 17, 19 oben, 24, 27, 28, 29, 32, 33, 34, 35, 36, 38, 40, 44, 47, 48, 51, 52, 54, 55, 56, 57 unten, 61 unten, 65 unten, 66, 72, 75, 77, 78, 85 unten, 93, 98, 111 oben, 111 drittes von oben, 111 unten, 114, 118, 119, 124, 126, 128, 130, 134, 136, 138, 142

Klaus Listmann: 12, 83

OL: 127

SaarLB: 39 unten

Ralf Selsam: 14, 19 unten, 39 oben, 57 oben, 63, 68, 76, 80, 82, 85 oben, 94, 104, 108, 120, 122, 132, 140

Markus Stanzel: 116

Uwe Wenz: 8

Eltjo Haselhoff

FASZINIERENDE KORNKREISE

WISSENSCHAFTLICHE FORSCHUNG UND URBANE LEGENDENBILDUNG

Faszinierende Kornkreise behandelt das weltweite Auftreten großer geometrischer Muster auf Getreidefeldern und anderen Flächen, die gemeinhin als »Kornkreise« bezeichnet werden.

Die hohe geometrische Komplexität, die faszinierende Symbolkraft und überwältigende visuelle Prägnanz der Kornkreisformationen machen dieses Phänomen zu einem der letzten großen ungelösten Rätsel auf der Erde.

Der international anerkannte Kornkreisforscher Dr. Eltjo Haselhoff präsentiert erstmals in Buchform die neuesten Ergebnisse seiner Untersuchungen. Dabei gelingt es ihm, einen Bogen zu schlagen zwischen der streng wissenschaftlichen Betrachtungsweise und den vielfältigen anderen Interpretationen und Spekulationen, die das Kornkreisphänomen begleiten.

Zahlreiche übersichtliche Diagramme, Fotografien und Berechnungen ergänzen den Text. Nicht zuletzt tragen jedoch mehr als 50 grandiose Luftaufnahmen dazu bei, dass sicherlich jeder Leser der Schlussfolgerung des Autors zustimmen wird:

»Hier geschehen höchst merkwürdige Dinge – und die Öffentlichkeit hat ein Anrecht darauf, zu erfahren, was hinter dem Phänomen steckt.«

Tobias Daniel Wabbel (Hrsg.)

S.E.T.I. – DIE SUCHE NACH DEM AUSSERIRDISCHEN

MIT BEITRÄGEN VON STEPHEN W. HAWKING, ULRICH WALTER, ARTHUR C. CLARKE, DOUGLAS PRESTON U.A.

Sind wir allein im Universum? Diese Frage hat Tobias Daniel Wabbel zwanzig international renommierten Naturwissenschaftlern und Science-Fiction-Autoren vorgelegt. Ihre Antworten führen den Leser an die Grenzen des Wissens und lenken den Blick auf die Ängste und Hoffnungen der Menschheit, die mit einem Kontakt zu außerirdischen Intelligenzen verbunden sind – die Konfrontation mit den Grundfragen menschlicher Existenz ist dabei unausweichlich.

Ausgangspunkt der wissenschaftlichen und literarischen Betrachtungen ist das weltweite Forschungsprogramm S.E.T.I., das von der NASA unterstützt wird und mit Hilfe von Radioteleskopen die Weiten des Universums nach Signalen außerirdischer Zivilisationen absucht.